Biblioteca Âyiné 17

SOBRE A FRANÇA
Emil Cioran

Título original *De la France*

Tradução Luciana Persice Nogueira-Pretti

Preparação Mariana Delfini

Revisão Fernanda Alvares, Andrea Stahel

Imagem da capa Julia Geiser

Projeto gráfico Renata de Oliveira Sampaio

ISBN 978-65-86683-76-9

Editora Âyiné
Belo Horizonte · Veneza

Direção editorial Pedro Fonseca

Assistência editorial Érika Nogueira Vieira, Luísa Rabello

Produção editorial André Bezamat, Rita Davis

Praça Carlos Chagas, 49 – 2º andar
30170-140 Belo Horizonte – MG
+55 31 3291-4164
www.ayine.com.br
info@ayine.com.br

Âyiné

Sobre a França

Emil Cioran

Tradução de Luciana Persice Nogueira-Pretti

Nota à tradução

A presente tradução do texto de Cioran baseou-se na edição francesa de Alain Paruit (*De la France*, Paris: L'Herne, 2009), que utilizou o manuscrito pertencente ao acervo da Biblioteca Literária Jacques Doucet, Fundo Cioran. Essa edição de Paruit em alguns poucos casos não conseguiu apreender o texto original romeno. Por esse motivo, nesses poucos casos, indicados em nota, recorremos à tradução italiana de Giovanni Rotiroti (*Sulla Francia*, Roma: Voland, 2014), que confrontou a edição francesa de Alain Paruit com a edição romena de Constantin Zaharia (*Despre Franţa*, Bucareste: Humanitas, 2011).

A metamorfose

São tempos de guerra. Cioran está em Paris. Escreve a lápis, com traços grossos e fortes, 1941, como se tivesse escrito a palavra fim em seu manuscrito, texto que intitulou *De la France*, pensando nos moralistas do século XVIII, talvez já pressentindo que um dia se reunirá a eles, nem que seja pelo estilo, estilo que justamente é «contido». Ele não esboça seu retrato premonitório ao compará-los aos grandes criadores estrangeiros?

Este é um livro estranho. Aparentemente consagrado à Decadência da França, é, em verdade, um Hino à França, um hino de amor. Se a palavra «decadência» ressurge regularmente, para explicar que a França já não tem futuro porque ela *deu demais*, durante tanto tempo, mais do que qualquer outro país no mundo (a derrota já aconteceu, Cioran viu – «momento tão dramático» –[1] os alemães subindo o boulevard Saint-Michel), os elogios são mais numerosos, mais variados, mais regulares: a França é a «província ideal da Europa», onde vive um «povo assolado pela sorte», «um povo que foi, durante séculos, o sangue de um continente e

1 *Itinéraire d'une vie*. Paris: Michalon, 1995, p. 112.

a glória do universo»; «quando a Europa estiver drapeada em sombras, a França continuará sendo o seu túmulo *mais vivo*». E, enfim: «Como foi grande, a França!».

Livro inesperado. Alguns anos antes, em Berlim, Cioran admirava, sem reservas, a disciplina e o poderio nazistas. Eis que, sem dizê-lo explicitamente, ele abraça, novamente sem reservas, o lado oposto: o do vencido contra o vencedor. Porque «a França prefigura o destino dos demais países», porque «a Europa precisa, depois de tanto fanatismo, de uma onda de dúvidas...». Ora, quem poderia fornecê-la melhor do que o ceticismo francês? Mas também, e sobretudo, porque Cioran, agora, se identifica com a França, algo nele, mais forte que ele, o *afrancesa*; talvez ele se ressinta disso, mas ele o *quer* inconscientemente. «Entendo bem a França por tudo que tenho de podre em mim», escreve.

Livro kafkiano. Cioran, a barata antissemita de ontem, está em plena mutação. O judeu se torna seu irmão no sofrimento. «*Somente os povos que não viveram não decaem – e os judeus*», enfatiza. «Nós, acorrentados a nossos destinos aproximativos», acrescenta, «sujeitos a experiências e perdas – como pobres judeus poupados pelas tentações messiânicas. Todos os países fracassados participam do equívoco do destino judaico: eles são corroídos pela obsessão com o malogro implacável.»

Livro crucial de Cioran. Ele escreve, ainda em romeno mas já na França, uma ode à França, amada inclusive em sua decadência, em seu fim, em sua queda, que não poderá ser sem grandeza por ter sido, a França, tão grande. A Inglaterra, a Alemanha, até a Rússia são mais fortes? Talvez. Mas é pela França que seu coração bate. A larva de ontem é, hoje, crisálida, e amanhã o imago abrirá suas asas sobre as letras francesas, e a *Decadência* se tornará *Decomposição*, num magistral *Breviário*. O novo Cioran surge tão rapidamente, tão subitamente, que nos perguntamos qual mistério pode se ocultar por detrás desta data: 1941.

Alain Paruit

Nota biográfica

Texto-chave escrito ao longo de 1941, *Sobre a França* é um mundo em si, um livro totalmente à parte na obra de Cioran, tanto por seu tom, que não é completamente romeno nem ainda exatamente francês, quanto por seu conteúdo, em que a história pessoal de Cioran, com pouco mais de trinta anos de idade, surge em filigrana por detrás do comentário. Ele acaba de deixar definitivamente o seu país, para onde não retornará jamais, e volta-se a partir de então, por inteiro, com paixão, para a França.

Em março de 1941, o jovem ensaísta – que já havia publicado, em seu país, cinco livros de sucesso,[1] alguns dos quais com escândalo tanto pelo valor vindicativo e apaixonado quanto pelo assunto tratado, foi nomeado Conselheiro Cultural da Delegação Romena junto ao governo de Vichy.

1 *Sur les cimes du désespoir*, 1934 [ed. bras.: *Nos cumes do desespero*, trad. Fernando Klabin. São Paulo: Hedra, 2012]; *Le Livre des leurres* [ed. bras.: O livro das ilusões, trad. José Thomaz Brum. Rio de Janeiro: Rocco, 2014] e *Transfiguration de la Roumanie*, 1936; *Des Larmes et des saints*, 1937; *Le Crépuscule des pensées*, 1940.

A realidade é um pouco mais sombria: Cioran fugiu de Bucareste no momento das represálias encetadas pelo general Antonescu contra os legionários da Guarda de Ferro e seus amigos. Ora, nesse mesmo ano, Cioran escreveu «Le portrait du Capitaine» [O retrato do Capitão], que será transmitido nacionalmente pelo rádio. Com esse elogio a Zelea Codreanu, dirigente da Guarda de Ferro, assassinado dois anos antes por ordem do rei Carlos II, Cioran ficou muito visado e quase não conseguiu escapar. Seu irmão Aurel, de quem continuará muito próximo por toda a vida, será preso.

Ele se cansa rapidamente da função diplomática e abandona o escritório da delegação. Sua ausência notória irrita os serviços do Ministério do Interior romeno, que pretendem se livrar dele o quanto antes, sem sequer pagar-lhe seu último salário. Porém o jovem ensaísta já encontrou, em Paris, outra ocupação com horário fixo, «como funcionário público», na calçada do Café Les Deux Magots, muito mais interessante do que o escritório, e que lhe permite observar, de perto, esse povo que sempre o fascinou e atraiu. «Como eu me teria refrescado à sombra da sabedoria irônica de Madame du Deffand, talvez a pessoa mais clarividente deste século!»

Em 1937, então beneficiário de uma bolsa (mantida até 1944) do Instituto Cultural Francês de Bucareste, ele se inscreveu, a fim de terminar sua tese sobre Bergson, na Sorbonne. Mas o prédio da rue des Écoles foi rapidamente preterido em favor dos cafés parisienses e, em seguida, de um longo périplo de bicicleta pela França, durante o qual ele se hospedou em albergues da juventude e conheceu franceses das mais diversas camadas sociais. Complexado devido às suas origens, «vindo de confins primitivos, do submundo da Walachia, com o pessimismo da juventude», Cioran se impregna da atmosfera refinada de Paris, extasia-se com a inigualável perfeição dessa civilização e analisa cada sinal de declínio.

Sobre a França também é um inquietante texto profético, de impressionante atualidade, que descreve com detalhes precisos os sintomas de uma morte anunciada, a de nossa civilização ocidental. «Quando uma civilização inicia sua decadência? Quando os indivíduos começam a ter consciência; quando não querem mais ser vítimas dos ideais, das crenças, da coletividade. Uma vez *desperto* o indivíduo, a nação perde sua substância, e, quando todos despertam, ela se decompõe. Não há nada mais perigoso do que a vontade de não ser enganado.»

L. T.

Sobre a França

Collection d'exagérations maladives [1]

Não creio que eu gostaria dos franceses se eles não tivessem se entediado tanto ao longo de sua história. Mas seu tédio é desprovido de infinito. É o *tédio da clareza*. É o cansaço diante das coisas *compreendidas*.

Enquanto para os alemães as banalidades são consideradas a *honorável* substância da conversação, os franceses preferem uma mentira *bem dita* a uma verdade mal formulada.

Todo um povo sofrendo do *cafard.*[2] Eis a palavra mais frequente, tanto nos círculos mundanos quanto na sociedade menos afortunada. O *cafard* é o tédio psicológico ou visceral; é o instante invadido por um vazio súbito, sem razão – enquanto o *ennui*[3] é o prolongamento, *no espiritual*, de um vazio imanente ao ser. Em comparação, *Langeweile*[4] é apenas uma ausência de ocupação.

---

1 Em francês na edição original romena, «Coleção de exageros malsãos».

2 Em francês na edição original romena.

3 Em francês na edição original romena.

4 Em alemão na edição original romena, «tédio», «falta do que fazer».

O século XVIII é o mais francês dos séculos. É o salão tornado universo, é o século da inteligência feita de rendas, de pura fineza, de artifício aprazível e belo. É, também, o século que mais se entediou, *que teve tempo demais*, que só trabalhou para passar o tempo.

Como eu me teria refrescado à sombra da sabedoria irônica de Madame du Deffand, talvez a pessoa mais clarividente desse século! «*Je ne trouve en moi que le néant et il est aussi mauvais de trouver le néant en soi qu'il serait heureux d'être resté dans le néant.*»[5] A título de comparação, Voltaire, seu amigo, que dizia «*je suis né tué*»,[6] parece um bufão sábio e laborioso. Vazio no salão, que definição de *prestígio!*

Chateaubriand – francês britânico, como todo bretão – provoca o efeito de uma trombeta retumbante ao lado das efusões *em surdina* da implacável Dama. A França teve o privilégio das mulheres inteligentes, que introduziram o coquetismo no espírito e o charme superficial e encantador nas abstrações.

Uma tirada espirituosa vale por uma revelação. Esta é profunda, mas não pode ser expressa; aquela é superficial, mas exprime

5 Em francês na edição original romena, «encontro em mim apenas o vazio, e é tão ruim encontrar o vazio em si mesmo que seria preferível ter permanecido no vazio».

6 Em francês na edição original romena, «nasci assassinado».

tudo. Não é mais interessante realizar-se na superfície do que se desmoronar na profundidade? Onde há mais cultura: no suspiro místico, ou numa «piada»? Nesta, claro, embora uma resposta alternativa seja a única que convém.

* * *

A França sempre gostou de quê? Dos estilos, dos prazeres da inteligência, dos salões, da razão, das pequenas perfeições. A expressão precede a Natureza. Trata-se de uma cultura da forma, que permeia as forças elementares e espalha, por sobre todo transbordamento pessoal, o verniz bem-pensante do refinamento.

A vida – quando não é sofrimento – é jogo. Devemos ser gratos à França por tê-lo sabido cultivar com maestria e inspiração. Foi com ela que aprendi a me levar a sério apenas na escuridão e, em público, a fazer pilhéria de tudo. Sua escola é a da despreocupação arejada e perfumada. A burrice enxerga, em cada canto, propósitos; a inteligência, pretextos. Sua grande arte está na distinção e na graça da superficialidade. Dedicar-se às ninharias – ou seja, à existência e aos ensinamentos do mundo – é uma iniciação nas dúvidas francesas.

A conclusão do século XVIII, ainda não contaminada pela ideia de progresso: o universo é uma farsa do espírito.

* * *

Você pode acreditar no que quiser, erigir divindades diante das quais se prostrar ou às quais fazer sacrifícios. Elas vêm do exterior, são absolutos exteriores. A verdadeira divindade do homem é um critério que lhe corre nas veias e segundo o qual ele tudo julga. De que ângulo calcular a natureza, segundo que imperativo psicológico selecionar os valores, eis o absoluto efetivo, diante do qual aquele que prega a fé apresenta-se pálido e insípido.

A divindade da França: *o Gosto*. O bom gosto.

Segundo o qual, o mundo – para existir – deve agradar; ser bem-feito; consolidar-se esteticamente; ter limites; ser um encantamento do tangível; um doce florescimento da finitude.

Um povo de bom gosto não pode gostar do sublime, que é afinal a preferência do mau gosto elevada ao monumental. A França considera tudo que ultrapassa a *forma* uma patologia do gosto. Sua inteligência não admite, tampouco, o trágico, cuja essência recusa-se a ser *explícita*, assim como o sublime. Não é à toa que a Alemanha – *das Land den Geschmacklosigkeit* –[7] cultivou ambos: categorias dos limites da cultura e da alma.

* * *

---

7 Em alemão na edição original romena, «O país da ausência de gosto».

O gosto encontra-se nos antípodas do sentido metafísico, é a categoria do visível. Incapaz de se orientar no emaranhado das essências, mantidas pela barbárie da profundidade, ele adula a ondulação imediata das aparências. O que não encanta os olhos é um não valor: essa parece ser sua lei. E o que é o olho? O órgão da superficialidade eterna – a procura da proporção, o *medo* da falta de proporção define sua avidez pelos contornos observados. A arquitetura, ornada segundo a imanência; a pintura em ateliê e a paisagem, sem a sugestão das distâncias intactas (Claude Lorrain – um Ruysdael de salão, com vergonha de sonhar); a música da graça acessível e do ritmo regrado, tantas expressões da proporção, da negação do infinito. O gosto é beleza ponderada, elevada ao refinamento categorial. Os perigos e as fulminâncias do belo parecem-lhe monstros; o infinito – uma queda. Tivesse sido Dante francês, só teria descrito o Purgatório. Onde, dentro de si, teria encontrado força bastante para o Inferno e o Paraíso e audácia bastante para suspiros extremos?

* * *

O pecado e o mérito da França estão em sua sociabilidade. As pessoas parecem feitas, tão somente, para se encontrarem e conversarem. A necessidade de conversar provém do caráter acósmico dessa cultura. Nem o monólogo nem a meditação a definem.

Os franceses nascem para falar e são formados para debater. Deixados sozinhos, bocejam. Mas quando eles bocejam em sociedade? Esse é o drama do século XVIII.

Os moralistas maldizem os homens em sua relação com seus semelhantes; eles não se elevaram à sua condição, como tal. Por essa razão, não podem superar a amargura e a acidez – e tampouco a anedota. Deploram o orgulho, a vaidade, a mesquinharia, mas não padecem da solidão interior da criatura. Que diria La Rochefoucauld em meio à natureza? Pensaria, certamente, na duplicidade do homem, mas não seria capaz de conceber a sinceridade que se oculta no arrepio do isolamento que o percorre nesses instantes de solidão metafísica. Pascal é uma exceção. Mas, até chegar a ele – que é o mais *sério* dos franceses –, a oscilação entre o mosteiro e o salão é evidente. É um homem do mundo obrigado pela doença a não mais ser francês, exceto em sua maneira de formular as coisas. Em sua parca saúde, não se distingue dos demais moralistas. Suprima-lhe Port-Royal: sobrará um *causeur*.[8]

Se ainda hoje lemos os moralistas romanos da decadência, é porque eles aprofundaram a ideia de destino e a aproximaram às deambulações do homem em meio à natureza. Nos moralistas franceses – e em todos os franceses – não encontramos essa

8 Em francês na edição original romena, «prosista».

ideia. Eles não criaram uma cultura trágica. A razão – aliás, menos ela do que o seu *culto* – apaziguou a agitação tempestuosa de nosso foro íntimo, a qual, irresistível e nociva à nossa quietude, nos obriga a pensar no destino, na sua falta de piedade por nossa pequenez. A França é desprovida do lado irracional, do possível fatal. Ela não foi um país infeliz. A Grécia – da qual se invejaram a harmonia e a serenidade – sofreu o tormento do desconhecido. A língua francesa *não suporta* Ésquilo. Ele é por demais poderoso. Quanto a Shakespeare, ele soa doce e bonachão em francês, mesmo que, depois de ler Racine, *Hamlet* ou *Macbeth* pareçam inflamar os versos franceses. Como se a língua fosse incendiada pelo tumulto e pela paixão das palavras. O infinito não tem lugar na paisagem francesa. As máximas, os paradoxos, as notas e as tentativas, sim. A Grécia era mais complexa.

É uma cultura *acósmica*, não *sem* terra mas *acima* dela. Seus valores possuem raízes, mas elas se articulam sozinhas; seu ponto de partida, sua origem, não contam. A cultura grega já ilustrou esse fenômeno de desconexão da natureza, não distanciando-se dela, mas chegando a um arredondamento harmonioso do espírito. As culturas acósmicas são culturas abstratas. Privadas do contato com as origens, também se privam do espírito metafísico e do questionamento *subjacente* da vida. A inteligência, a filosofia, a arte francesa pertencem ao mundo do Compreensível.

E, quando elas o pressentem, elas não o exprimem, contrariamente à poesia inglesa e à música alemã. A França? A recusa do Mistério.

Ela se parece mais com a Grécia Antiga. Porém, enquanto os gregos aliavam o jogo da inteligência ao sopro da metafísica, os franceses não foram tão longe, não foram capazes – eles, que adoram o paradoxo na conversação – de viver o paradoxo como situação.

Dois povos: os mais inteligentes sob o sol.

A afirmação de Valéry de que o homem é um animal nascido para a conversação é evidente na França e incompreensível alhures. As definições possuem limites geográficos mais rígidos do que os costumes.

* * *

Os países, infelizmente, existem. Cada um cristaliza uma soma de erros, denominados valores, que ele cultiva, combina, perpetua e valida. Sua totalidade constitui a individualidade de cada um, e o seu orgulho implícito. Mas, também, sua tirania. Pois eles pesam, inconscientemente, sobre o indivíduo. Entretanto, quanto mais este é dotado, mais se desprende de sua pressão. Porém, como ele *esquece* – pois ele vive –, as deficiências de sua identidade pessoal o assimilam à nação da qual ele faz parte. Por isso, até mesmo os santos têm um caráter nacional. Os santos espanhóis só se parecem com os santos franceses ou italianos por sua *santidade*, e não pelos incidentes reveladores de sua biografia particular. E eles conservam um sotaque identificável, que nos permite atribuir-lhes uma origem.

Quando falamos da França, que fazemos? Descrevemos os fecundos *erros* cometidos em certa extensão de terra. Defendê-los ou opor-se a eles significa aceitá-los ou rejeitá-los.

* * *

Em duas ocasiões ela atingiu a grandeza: na época da construção das catedrais e na época de Napoleão. Ou seja, em dois momentos *estranhos* ao seu gênio específico. As catedrais e Napoleão – tudo o que se tem de menos francês! Entretanto, o povo vibrou: ele carregou as pedras na Idade Média e caiu aos pés das Pirâmides ou às margens do Berezina.

Os franceses criaram o estilo gótico, de essência germânica, e no plano militar seguiram o último representante do Renascimento italiano. Assim, eles se superaram duas vezes; superaram sua perfeição acabada, em virtude do contato com duas aspirações de natureza estrangeira. Na criação gótica, sobressaiu o sangue dos francos, elemento germânico; nas campanhas napoleônicas, o gênio mediterrâneo das expedições.

Fora esses momentos, a França contentou-se consigo mesma. Nem línguas estrangeiras, nem importações culturais, nem curiosidades voltadas para o mundo. Esse é o defeito glorioso de uma cultura perfeita – que encontra, em sua lei, sua única forma de vida.

Um país feliz em seu espaço, de personalidade geográfica bem definida, bem-sucedido até no plano físico. Nada de impiedoso em sua natureza, *e nenhum grande perigo em seu sangue*. Ela impôs uma forma aos elementos germânicos de sua estrutura, cortou seu ímpeto e os reduziu à horizontalidade. Razão pela qual o gótico francês é mais delicado, mais humano e mais acessível do que o alemão, que se lança nas alturas como um ultimato vertical dirigido a Deus. Em certa medida, as catedrais francesas são compatíveis com o bom gosto. Elas não abusam da arquitetura; não a comprometem com a busca do infinito. Estamos diante de *um povo de imanência*, que criou o gênero inimitável dos detalhes sutis e reveladores da existência *no mundo*: o ornamento. Assim, nada mais francês que uma tapeçaria, um móvel, uma renda. Ou, no plano da arquitetura: um *manoir*[9] ou um *hôtel* (no sentido antigo da palavra, habitação privada). Um leve ar de minueto percorre, manso e plácido, uma civilização feliz.

Ela só pôde ser original em seus produtos intimistas. Quando eles se acabaram, ela esgotou boa parte de suas possibilidades. A decadência não é outra coisa senão

9 Em francês na edição original romena, «mansão senhorial»

a incapacidade de continuar criando no círculo de valores que nos definem.

No século XVIII, a França ditava a lei na Europa. Desde então, nunca mais exerceu sua *influência*. O simbolismo, o impressionismo, o liberalismo etc. são seus últimos contatos *vitais* com o mundo, antes de soçobrar numa ausência fatal.

* * *

Uma civilização feliz. Como não o teria sido, logo ela, que não conheceu a tentação da partida? Não fosse por Napoleão a levá-los mundo afora, os franceses continuariam sendo a província ideal da Europa. Foi preciso que ele desembarcasse de sua ilha para sacudi-los um pouco. Ele soube dar um cunho imperialista à sua *vaidade*, igualmente chamada de *glória*. Talvez por isso todas as expedições sejam indissociáveis da literatura. Eles lutaram para ter o que contar. Nenhuma necessidade de grandes aventuras; eles buscavam, apenas, se tornarem grandes *aos olhos de Paris*. Não têm a doença da viagem. Mas a do lar, do salão ou da propriedade. Sobretudo esta.

Um Joachim du Bellay, saudoso, em Roma, da «*douceur angevine*»,[10] que se sente distante de sua cidadezinha e dos entes queridos na Cidade Eterna, que exemplo mais

10 Em francês na edição original romena, «doçura de Angers».

significativo! Ou Baudelaire, aterrorizado diante do medo do tédio e da influência dos poetas ingleses, cantando as partidas, mas incapaz de fugir do Quartier Latin! Na juventude, a saudade de Paris levou-o a interromper sua viagem à Índia.

Os franceses sacrificaram o mundo pela França. Que fariam no exterior? Aliás, não foram muitos os estrangeiros que sacrificaram seus países por Paris? Eis, talvez, a explicação indireta para a indiferença e o provincianismo francês. Mas essa província constituiu, um dia, o conteúdo espiritual do continente. A França – como a Grécia Antiga – foi uma província *universal*. Também foram esses os únicos países que usaram o conceito de *bárbaro*, qualificação negativa do estrangeiro – com isso, expressando tão somente a recusa de uma civilização bem-definida de se abrir à *novidade*. Um dos vícios da França foi a esterilidade da perfeição – a qual não se manifesta jamais tão claramente quanto na *escritura*. A preocupação de bem formular, de não estropiar a palavra e sua melodia, de encadear harmoniosamente as ideias, eis uma obsessão francesa. Nenhuma outra cultura atentou mais para o estilo, e em nenhuma outra se escreveu com tanta beleza, à perfeição. Nenhum francês escreve irremediavelmente mal. Todos escrevem bem, todos veem a forma antes da ideia. O estilo é a expressão direta da cultura. Os pensamentos de Pascal podem ser encontrados em qualquer pregação e em qualquer livro religioso, mas sua maneira de formular é única; seu gênio é indissociável dela. Pois o estilo é a arquitetura do espírito. Um pensador é grande na medida em que ele *agencia* bem suas ideias, e um poeta, suas palavras. A França possui as chaves desse agenciamento. Por isso ela produziu uma pletora de talentos. Na Alemanha, é preciso ser um gênio para exprimir-se impecavelmente, e às vezes nem isso basta.

Aquele que não possuir as chaves poderá ter todas as intuições possíveis e imagináveis, mas continuará à margem da cultura. O estilo é a maestria da palavra. E essa maestria é tudo. No mundo do espírito, as verdades expressas de maneira trivial não perduram, ao passo que os erros e os paradoxos envoltos em charme e dúvida se instalam na quase eternidade dos valores – sabe-se que esses não passam de palavras que acatamos com um sentimento de respeito vago ou preciso, segundo as circunstâncias de nosso humor.

Não devemos ter, pela cultura, o entusiasmo fácil e reversível dos ignorantes. Ela goza de todas as vantagens da irrealidade. A partir do momento em que não é fonte de encantamento, ela se esgarça e vagueia no ar. Seus valores são, em sua essência, flocos abstratos nos quais penduramos nossas pobres exaltações. A cultura é uma comédia que levamos a sério. Eis por que não devemos exagerar os seus méritos. O que é, é alheio a ela, e só se desvenda raramente à nossa inquietação, situada mais além.

Inteligentes, católicos, avarentos – três maneiras de não se perder, três formas de *garantia*. Os franceses não conhecem os exageros contra o eu, a generosidade prejudicial ao plano espiritual e financeiro. O gosto e a cultura lhes serviram para conceber as *limitações*. O temor de perder-se devido a um excesso qualquer os enquistou em uma rigidez afetiva. Existiria um povo menos sentimental? O coração do francês só se enternece com elogios bem elaborados. Sua vaidade é tão imensa que adulá-la pode até torná-lo sentimental...

Em geral, ele é capaz de intimidade, mas não de solidão. Um francês sozinho é uma contradição de termos. O sentimentalismo supõe um dispêndio lírico do coração no isolamento, a vibração sem disciplina e sem desígnio racional. Amar, sem vergonha de amar; adorar sem ironia; apaixonar-se sem distância...

Ele despreza, porém, a dimensão folclórica do coração. E mais: ele é *superior* ao coração, quando este não está *fora* dele...

Nós, que viemos de outros países, perdemos facilmente toda consciência geográfica e vivemos numa espécie de exílio contínuo, nem doce nem amargo. Gostamos da natureza, e não da paisagem humanizada pelo lar, pela família, pelos amigos. Nosso lar está tão somente no lamento e na saudade. Os franceses, desde seu nascimento, permaneceram em casa, têm uma pátria física e íntima que amam irrestritamente e que não humilharam com comparações; não foram *desenraizados* em sua própria terra, não viveram o tumulto de uma saudade insaciável. Talvez sejam o único povo na Europa que não conhece a nostalgia – essa forma de incompletude sentimental infinita. Também desprovidos de música folclórica, que só se encontra no sul (País Basco, Provença, por influência espanhola e italiana), não foram atormentados pela incapacidade de se instalar que inquieta eslavos, germânicos, bálticos e que se exprime nas múltiplas formas do *Sehnshucht*.[11]

Povo assolado pela sorte, dotado de clareza, capaz de tédio mas também de tristeza, que aprecia, em suas crenças, a aproximação, e que possui acima de tudo uma história *normal*, sem vazios, sem fracassos nem ausências – ele se desenvolveu século após século, valorizou aquilo em que acreditava, fez circularem seus ideais e esteve presente na época moderna como nenhum outro. Está pagando por essa presença com sua decadência; expia o vivido significativo, a realização disseminante, o mundo de valores que ele criou. Se tivesse ficado de braços cruzados, sua vitalidade não teria sido comprometida. Para as grandes nações, o crepúsculo é um sofrimento nobre.

* * *

11 Em alemão na edição original romena, «languidez», «desejo ardente», «nostalgia».

Cada povo tem seus problemas, aos quais se apega até o esgotamento; em seguida, livra-se deles, procura outros e, quando não os encontra, acomoda-se no seio de seu próprio vazio. É natural que esses problemas sejam ilusões; a questão é determinar se são de qualidade ou não. Os povos de segunda ordem cultivam ilusões medíocres que não têm condição de suscitar a reflexão, apenas desprezo ou amargor.

Em filosofia, a França limitou-se a um círculo de perguntas e respostas em que ressurgem, incessantemente, os mesmos temas: *raison, expérience, progrès,*[12] mas quase nunca as regiões dúbias da metafísica pessoal ou de uma teologia subjetiva. Pascal não conseguiu desbancar Descartes. Seu triunfo assegurou ao pensamento francês o conforto da aridez intelectual, condenou-o à banalidade e à falta de risco ao distanciar-se da fertilidade dos conceitos próximos do absurdo, capazes de tirar as categorias de seu estupor pálido. No fundo, não existe uma filosofia francesa, ao passo que existe uma filosofia indiana, uma grega ou uma alemã. Pois um pensamento só tem vitalidade se debater – até a salvação ou o desespero – funções do possível, ou seja, da realidade dinâmica. Foi necessária a chegada de Bergson – no *final* da filosofia francesa – para se descobrir o

12 Em francês na edição original romena, «razão, experiência, progresso».

Devir, que Eckhart percebia tão bem, no início da filosofia alemã.

Mas, para quem quer entender os limites da França – ora, descrever um país significa definir seus limites, não definir seu conteúdo –, o exemplo de sua música é dos mais reveladores. Pois, aqui, ela se *trai*: as emanações sonoras jorram dos afetos incontroláveis, do que há de mais denso, de mais distante e de mais profundo no homem.

É uma arte séria – que só pode ser séria. Ela não conhece a *ironia*; o equivalente sonoro da observação espirituosa não existe. Nenhuma virtude especificamente francesa é compatível com sua dignidade. Razão pela qual os franceses não criaram grande coisa nessa área. Criaram mais que os ingleses, porém, que são absolutamente estéreis na arte do som, embora mais intensamente admirativos dessa arte do que os franceses.

A música exige uma espécie de piedade abstrata, que os alemães possuem, uma ingenuidade inspirada e vasta, presente na música italiana do século XVII – única música italiana, por sinal, a ópera sendo uma sinistra mascarada, um rugido passional desprovido de amplidão ou profundidade.

O sublime é a categoria banal da música; o impulso trágico ou o tema da vastidão calma, as formas de sua respiração. Rameau, Couperin ou Debussy, este aparentemente tão diferente daqueles, são intensamente franceses por sua delicadeza e por sua recusa do tumulto. Uma renda que se dissolve, tal parece ser sua trama sonora. Debussy é um eslavo de salão; uma Paris oriental. Apenas Berlioz tem estofo. Mas quem não chocou pela *falsa* imensidão? Quem não irritou pela força demonstrativa, pela corrida rumo à amplidão e à tensão? Trata-se de um infinito buscado... Quanto a César Franck, é um compatriota de Ruysbroeck – o admirável – e traz, no sangue, a herança de uma mística muito pouco francesa...

A França é o país da perfeição *estreita*. Ela não tem como se alçar acima de categorias supraculturais: o sublime, o trágico, a imensidão estética. Eis por que ela não forjou, e jamais poderia ter forjado, um Shakespeare, um Bach ou um Michelangelo. Em comparação com estes, o próprio Pascal é um mestre dos detalhes, um sutil cerzideiro do fragmento.

As reflexões dos moralistas franceses acerca do homem – absolutas em seu irretocável acabamento – são, entretanto, modestas, se comparadas à visão do homem em um Beethoven ou um Dostoiésvski. A França não oferece grandes perspectivas; ela ensina a forma; dá a fórmula, mas não o estofo. Aqueles que só conhecem isso são portadores de uma grave esterilidade, e o seu contato exclusivo é verdadeiramente perigoso. Isso só pode ser utilizado para nos corrigir dos extremos do coração e do pensamento, como uma escola do limite, do bom senso e do bom gosto, como um guia que evita que caiamos no ridículo dos grandes sentimentos e das grandes atitudes.

Que sua medida nos cure das errâncias patéticas e fatais. Assim, sua ação esterilizante se tornaria salutar.

* * *

O homem médio é mais bem-sucedido na França do que em qualquer outro país. Seu nível ultrapassa o de um inglês, um alemão ou um italiano. A mediocridade atingiu tamanho estilo que é difícil encontrar, no indivíduo comum, no homem do povo, exemplos de estupidez característica. Cada qual sabe se apresentar, cada um sabe alguma coisa. É nisso que a França é grande: em suas *ninharias*. É possível que, no fim das contas, a civilização não passe do *refinamento da banalidade*, do polimento das coisas minúsculas e da manutenção de uma fímbria de inteligência no cotidiano acidental. Quer dizer, tornando a burrice natural o mais suportável possível, envolvendo-a de graça e conferindo-lhe o lustre da finesse. Não há dúvida de que é entre os franceses que se encontra o menor número de imbecis profundos, irremediáveis, eternos. Até a língua se opõe a isso. Trocam-se, nos bistrôs, réplicas de salão. A nação não admite nem a profundidade, nem a imbecilidade encontradas em milhões de pessoas comuns e em alguns gênios incomensuráveis em outros lugares. A França perde seu equilíbrio quando sai da mediocridade.

Precisamos ser gratos a ela por haver cultivado, ao cúmulo, o vício do horror à banalidade. Enquanto o nórdico mais refinado não se sente impedido, por nenhuma regra do *savoir-vivre*, de pronunciar um truísmo e de repeti-lo, enquanto nenhum germânico conhece a *vergonha da evidência*, o espaço francófono nos oferece, ao contrário, indizíveis pérolas dos jogos de paradoxos fáceis ou significativos. O defeito e a força do norte derivam do fato de ele desconhecer o peso do tédio *na conversação*. Se os alemães não têm romances, se sua prosa é ilegível, não é somente porque a música e a metafísica são os meios de expressão que lhes convêm, mas porque eles não são capazes de *conversar*, de manter as variações de nível de uma discussão. O romance é uma criação dos franceses e dos russos: povos que falam e sabem falar. Os diálogos soporíficos do romance alemão, a incapacidade nacional de superar o monólogo, explicam a inevitável carência da prosa. Para aqueles que gostam do *aroma* da palavra, a Alemanha provoca um bocejo infinito. A poesia, a música e a filosofia são *atos* do indivíduo sozinho. O alemão só existe sozinho ou em grupo. Jamais em *diálogo* – enquanto a França é *o país do diálogo* e recusa as inspirações esmaecidas ou sublimes de seus vizinhos insulares ou além-Reno.

Nada menos alemão que o século XVIII francês – e nada mais francês que esse século. Nele, tudo é decorativo, enfeite exterior dos atavios do espírito. A inteligência torna-se exclusivo ornamento do homem. A preguiça elegante e a tagarelice sutil definem essa nobre superficialidade. O homem *esqueceu* a ideia de pecado: é a grande desculpa do século. Assim, sua libertinagem não pode ser condenada: nenhum prazer pode ser estragado pela consciência do *erro* – produto de um pânico plebeu ou de um vício solitário, pouco apreciados num mundo infinitamente sociável.

Fragonard é o símbolo da liberação e de todas as indiscrições dos sentidos. Ninguém, na história da pintura, depreende tanto perfume, tanta sede delicada de volúpia, de vício inocente e inútil. Todo o segredo da felicidade residiria na *sensação*? O certo é que o Renascimento e o século XVIII, as épocas modernas que a cultivaram com mais intensidade, são também as mais distantes da Crucificação. A chave que dá acesso aos doces segredos da terra encontra-se fora do cristianismo. A inteligência e o sentido podem entrar em acordo e, até mesmo, ajudarem-se mutuamente. Mas, quando a *alma* intervém, com suas incertezas obscuras, a paz é perturbada. O homem desvenda, então, sua essência subterrânea ou celeste – e o prazer, flor da imanência, murcha. Ser superficial com estilo é mais difícil do que ser profundo. No primeiro caso, é preciso muita cultura; no segundo, mero desequilíbrio das faculdades. A cultura é nuance; a profundidade, intensidade. Sem uma dose de artificialidade, o espírito humano cede sob o peso da sinceridade, essa forma de barbárie.

* * *

38

Quando uma civilização inicia sua decadência? Quando os indivíduos começam a ter consciência; quando não querem mais ser vítimas dos ideais, das crenças, da coletividade. Uma vez *desperto* o indivíduo, a nação perde sua substância, e, quando todos despertam, ela se decompõe. Não há nada mais perigoso do que a vontade de não ser enganado. A lucidez coletiva é um sinal de cansaço. O drama do homem lúcido torna-se o drama de uma nação. Cada cidadão torna-se uma pequena exceção, e essas exceções acumuladas constituem o déficit histórico da nação.

Durante séculos, a França não fez nada além de *crer*, e, quando duvidava, o fazia *no seio de suas crenças*. Ela acreditou, sucessivamente, no Classicismo, no Iluminismo, na Revolução, no Império, na República. Ela abraçou os ideais da aristocracia, da Igreja, da burguesia, do proletariado; e sofreu por cada um deles. Ela propôs seus esforços, transformados em *fórmulas*, à Europa e ao mundo, que os imitaram, aperfeiçoaram, comprometeram. Mas seus crescimento e desintegração foram vividos, primeiro, por ela, e com mais intensidade; ela criou ideais e os usou à usura, experimentou-os até o fim, até não mais aguentar. Entretanto, uma nação não pode ser indefinidamente geradora de fé, ideologias, formas estáticas e vida interior. Ela acaba por entrevar-se. As fontes do espírito secam, e ela desperta diante de seu deserto, de braços cruzados, assustada diante do futuro.

* * *

Se eu me colocasse no lugar de um francês destas últimas décadas, a que eu poderia me agarrar?

À democracia? Mas, depois de um século de abuso da palavra «*peuple*»,[13] após a mística da liberdade e após seu esgotamento, depois de constatar a utilidade e a inutilidade dos princípios da Revolução, que novo conteúdo eu poderia lhe atribuir? Um povo pode ter feito uma grande revolução, imitada em todos os lugares, mas, quando suas ideias ficam comprometidas, ele perde sua primazia ideológica. Um século consagrado a preparar a revolução e outro a difundi-la haviam tornado a França um modelo nos planos doutrinário e político. Os ideais de 1789, porém, foram modificados; resta de seu prestígio apenas uma grandiloquência obsoleta. A maior revolução moderna acaba como uma *velharia* do espírito. Que foi ela? Uma combinação de racionalismo e mitos: uma *mitologia racionalista*. Mais precisamente: o encontro de Descartes com o homem do povo.

A democracia já não propicia nenhuma emoção e, como aspiração, está esmorecida e anacrônica.

À pátria? Mas para que ela ainda serviria? A França foi *pátria* desde a Idade Média, quando as outras nações nem sequer tinham

---

13 Em francês na edição original romena, «povo».

consciência de si mesmas. Ela foi amada, glorificada, colocou em destaque todos os ideais que pôde. Nenhum momento de sua história inspira arrependimento. Cada época viu se realizar o máximo de suas possibilidades; nenhum indício de vazio; nenhuma ausência grave. Em toda parte, homens do nível exigido. Em nome *do que* ela ainda poderia atingir os *homens*? Que propor à humanidade e a si mesma?

Os franceses não podem mais morrer pelo que quer que seja. O ceticismo tornou-se orgânico. A ausência de futuro é a substância do presente. O herói não é concebível – porque ninguém mais é *inconsciente* nem *profundo*.

Uma nação é criadora enquanto a *vida* não é seu único valor, enquanto seus *valores* são seus critérios. Crer na ficção da liberdade e morrer por ela; participar de uma expedição pela glória; considerar que o prestígio de seu país é *necessário* à humanidade; substituir a humanidade por aquilo em que se acredita, isso são valores.

Dar mais importância à própria pele do que a uma ideia; pensar com o estômago; hesitar entre honra e volúpia; acreditar que *viver* está acima de tudo; isso é *vida*. Mas os franceses não gostam somente dela e já não vivem somente para ela. Há muito tempo, não podem mais morrer. Fizeram-no frequentemente, no passado. Alguma crença a inventar? Sua falta de vitalidade mostrou-lhes a vida. E a Decadência não passa do culto exclusivo da vida.

Viver é um simples meio de *fazer*. Na decadência, isso se torna um objetivo. Viver *assim*, esse é o segredo da ruína.

O processo pelo qual um povo se esgota é dos mais naturais. Se ele não se esgotar, é sinal de doença, ineficiência, eterna deficiência. *Somente os povos que não viveram não decaem – e os judeus.*

Mas a França viveu com uma eficácia raramente encontrada na história. Ela viveu *demais*. Entretanto, enquanto nas épocas de grandeza ela o fazia em nome dos valores – que eram sua vida –, hoje estes não são nada e a vida deficiente é tudo.

Um povo cansado se distancia de suas próprias criações. Já não vibra no mundo do espírito, a não ser pela inteligência, pois as jazidas psicológicas de onde provêm as crenças secaram.

O que eu faria se fosse francês? Eu me acomodaria no cinismo.

* * *

Entendo bem a França por tudo que tenho de podre em mim. E a Alemanha, a Rússia, os Bálcãs, pelo frescor herdado de um povo telúrico.

Decadência igual à lucidez coletiva: expiração da *alma*. Deixar de ter alma. É o caso da França. Como ela a perdeu?

À medida que um povo cria, ele deposita uma parte de si em suas objetivações. A cada obra morre um sentimento, a cada gesto, uma emoção, a cada impulso, uma possibilidade. A cultura absorve as reservas de sensações, é um túmulo do coração, uma economia de energia por causa do sangue. Cada prova do gênio francês – uma igreja, uma máxima, uma batalha – contém um pouco mais de presente e um pouco menos de futuro. A atualização de um povo – a tradução em *signos* de seus não ditos dinâmicos – desvela uma vitalidade que anuncia um fim. A criação leva à morte, salva as formas objetivas do espírito e mata as forças vitais da alma. Sob a cultura jaz o cadáver do homem. É todo o vazio dos franceses de hoje. E esse todo é muito.

Sua anemia afetiva não é de natureza temporal, não é uma crise de crescimento, nem tampouco um acidente da história, mas a conclusão de um processo plurissecular, o coroamento final de um destino. Não somente eles já não possuem sentimento, como, além do mais, têm vergonha disso. Nada envergonha mais um francês do que a alma. Um povo se mumifica dentro da dúvida. Um alexandrinismo, sem amplitude greco-romana. Um fim *evidente*, sem estardalhaço ou drama. Pois o drama é maior para o pesquisador, para o qual a França não é mais que o campo de verificação de alguns temas da filosofia e da cultura.

Pensemos nos eslavos, nos russos – povos de alvoradas futuras –, cuja alma passeia. A terra está repleta de seu sangue; neles, a sensibilidade cresce como plantas. Seus reflexos estão ilesos; seus instintos são estepes para possíveis brotos. Pouco importa como os encaremos, em toda parte só há *futuro*, um futuro podendo estar próximo ou formar o conteúdo dos séculos por vir.

Nos franceses, os instintos foram afetados, corroídos; a base da alma, minada. Um dia eles foram vigorosos – das Cruzadas a Napoleão –, os séculos franceses do universo. Mas os tempos que virão serão os de um vasto deserto; o tempo dos franceses será, ele próprio, o desenvolvimento do vazio. Até a irreparável extinção. A França está tomada pelo *cafard* da agonia.

* * *

As grandes nações não naufragam por acidente, mas em virtude de uma necessidade inscrita em seu cerne. Nenhuma intervenção humana, nenhum cálculo racional pode impedir a avalanche no declive do desaparecimento.

O que quer que se faça na França, qualquer que seja a medida adotada, ninguém poderá convencer os franceses a terem filhos. Quando um povo gosta da vida, ele renuncia implicitamente à continuidade. Entre a volúpia e a família, o abismo é total. O refinamento sexual é a morte da nação. A exploração máxima de um prazer instantâneo; seu prolongamento para além dos limites da natureza; o conflito entre as exigências dos sentidos e os métodos da inteligência são expressões de um estilo decadente, que se define pela capacidade infeliz do indivíduo em manobrar seus reflexos.

A contrapartida biológica da lucidez, da vontade de não mais ser *dupe*,[14] tem consequências catastróficas. As crianças só poderão se tornar pessoas que creem em algo, que se coadunam, que são suficientemente inconscientes para se sentirem parte de uma nação, que sentem, alegremente, a necessidade de se enganarem pela participação e pelas paixões.

Um povo sem mitos está em vias de despovoamento. O deserto dos campos franceses é o sinal acachapante da ausência de uma mitologia cotidiana. Uma nação não pode viver sem ídolos, e o indivíduo é incapaz de agir sem a obsessão dos fetiches.

Enquanto a França conseguiu transformar os *conceitos em mitos*, sua substância viva não esteve comprometida. A força de dar um conteúdo sentimental às ideias, de projetar a lógica na alma e de verter a vitalidade em ficção – tal é o sentido dessa transformação, assim como o segredo de uma cultura florescente. Engendrar mitos e sustentá-los, lutar, sofrer e morrer por eles, eis o que revela a fecundidade de um povo. As «ideias» da França foram ideias vitais, por cuja validade lutou-se de corpo e alma. Se ainda conserva um papel decisivo na história espiritual da Europa, é porque a França animou muitas ideias, ela as tirou do

14 Em francês na edição original romena, «ser feito de bobo».

vazio abstrato da neutralidade pura. Crer significa animar.

Os franceses, porém, não conseguem mais crer ou animar. E eles não *querem* mais crer, por medo de serem ridículos. A decadência é o contrário da época de grandeza: é a retransformação dos mitos em conceitos.

Todo um povo diante de categorias vazias – e que esboça uma vaga aspiração, com um vago gesto das mãos, apontando para seu vazio espiritual. Resta-lhe a inteligência, não vinculada ao coração. Estéril, portanto. Quanto à ironia, desprovida da sustentação no orgulho já não faz sentido, a não ser como autoironia.

Em sua forma extrema, esse processo é característico dos intelectuais. Nada, entretanto, é mais falso do que crer que somente eles foram atingidos. Todo o povo o é, em graus variados. A crise é estrutural e fatal.

Quem percorreu os vilarejos franceses, que antigamente transbordavam de animação e paixão, reprime com dificuldade um aperto no coração diante da monotonia e do silêncio, tornados ainda mais graves e irremediáveis pela presença exclusiva de alguns velhos, cujas rugas nem sequer consolam, pois não oferecem nenhuma lembrança de *outro* passado. Em todas as províncias francesas, sentimo-nos esmagados pela falta total de vida, ritmo, crianças, futuro. É a morte mais completa, velada pelo charme ancestral de igrejas isoladas, cujos campanários resignados, com faceirice vaga e vetusta, parecem nos convidar a partir, a não permanecer, melancólicos, no umbral de sua definitiva ausência.

A indecisão de meus passos e a fúria assassina impetuosa não foram tão vivamente lamentadas como em minhas errâncias pelas veredas da França. Parecia que eu fugia do cheiro da morte, do cheiro de bolor de uma estabilidade terminal. Porém eu sabia perfeitamente bem que lá, por onde eu vagueava havia alguns anos, viveram por muitos séculos as únicas pessoas felizes. Entretanto, a glória tem um preço. A França «eterna», antes de se perder, se tornará um país como os demais.

Sob Napoleão, ela ainda possuía certa juventude. Seus marechais eram rapazolas. Ele próprio, aos trinta, estava refestelado em glória. Mas tinha, nas mãos, um país ainda capaz de loucuras.

Se, por algum milagre, Napoleão aparecesse no meio de tantos velhos, que poderia fazer? Provavelmente se ocuparia com filantropia, pensões, arquivos.

Como foi grande, a França!

A Revolução de 1789 encontra-se superada, e a burguesia também, com ela. Todos temos o direito de acreditar que nesse momento ela foi generosa, perdulária, acolhedora. Mas quem a conheceu em seu período de decomposição, com o seu espírito avaro, briguento e mesquinho, entendeu que tal apoio social só poderia levar a uma ruína rápida. Ela concentrou todos os vícios do povo francês. Em sua forma crepuscular, ela reteve do individualismo e do culto da liberdade, pelos quais antes vertera seu sangue, apenas o dinheiro e o prazer. Seu fim marca o momento mais medíocre da história da França. Ela mantém uma única reserva social: o proletariado. E uma única chave: o comunismo. Sua tradição jacobina não poderia desembocar em outra solução.

Mas o próprio proletariado está infectado pela falta de missão, pela sombra histórica do país. Do arrepio transformador das massas modernas, ela só reteve as reivindicações materiais, proclamando suas necessidades e ira. A França já não possui um destino revolucionário porque ela já não tem ideias a defender. Seja qual for a revolução que ela faça, não terá o menor significado particular.

As formas espirituais do passado não vêm mais em seu auxílio. O catolicismo está tão cansado, tão empoeirado, que renovar-se graças a ele equivaleria a um comunicado de falecimento. O que um povo com os instintos adormecidos faria de liturgias soporíficas, preces entrecortadas de citações latinas, que parecem mais irreais que um sonho nas profundezas de uma pirâmide? O esgotamento espiritual conduz à mumificação de uma cultura. Nenhum eventual júbilo impediria a França de tornar-se uma múmia espiritual, assim como foram inúteis os oráculos dos gregos e os deuses dos romanos. As Parcas são mais impiedosas com os povos do que com os indivíduos.

* * *

Com uma cultura tão definida, a França não pode se voltar para soluções externas. As transfusões de sangue só fazem prolongar a agonia. Seria indigno, aos olhos de seu brilhante passado, recorrer a tais covardias. Ela só pode merecer esse passado aceitando seu fim com estilo, esmerando-se, com maestria, numa cultura do crepúsculo, apagando-se com inteligência e, até mesmo, fausto – não sem corromper o frescor de seus vizinhos ou do mundo com suas infiltrações decadentes e instituições perigosas. Ela ainda pode intervir concretamente na marcha dos outros países, mas *negativamente*, como sede de uma nobre epidemia. A Europa não precisa, depois de tanto fanatismo, de uma onda de dúvidas? E não nos preparamos, todos, para um mal do século, em que sua contribuição estaria entre as mais tentadoras? Se a França ainda tem uma razão de ser, é a de colocar em destaque o ceticismo do qual é capaz, de nos dar a chave das incertezas ou de triturar nossas certezas. Se quiser reerguer algo, ela se exporia à ironia ou à compaixão. As forças de um novo credo já se apagaram, faz tempo, na França. Ela não perdeu nada de seu passado. Mas, se recusar seu destino alexandrino, perderá seu fim. E seria uma pena.

A França aguarda um Paul Valéry patético e cínico, um artista absoluto do vazio e da lucidez. Aquele que, de todos os franceses deste século, equivocou-se menos – símbolo, por sua perfeição, do ressecamento de uma civilização – não é a expressão máxima da decadência, pois faltam-lhe uma vaga nuance profética e a brava coragem diante do irreparável. No declive de seu refinamento, os franceses ainda podem ser fecundos. A renúncia ao conteúdo é o segredo de Valéry e do futuro do país. O culto absoluto dos pretextos, apoiado num dinamismo sem ilusão: essa é a via que se abre à possibilidade alexandrina. Se a França não se tornar o país das perigosas sutilezas, não teremos mais nada a aprender com ela. Quem encontrará a fórmula de sua lassidão?

A Europa ainda possui vitalidade suficiente para aguentar de maneira profícua um sopro de incertezas delicadas e venenosas. O sangue germânico e eslavo precisa ou depende dele. O ceticismo confere nobreza à virilidade e distinção à força. O futuro espiritual do continente será composto de uma mistura de universalismo e ceticismo. O império dissolve as ideologias. Em seu lugar, aparecerão as dúvidas infinitamente refinadas. As deficiências da França ornarão as energias dos povos com mais frescor e facilitarão, assim, seu processo de desagregação. A França servirá, igualmente, de *modelo* às grandes nações modernas; ela lhes mostrará aonde elas vão e onde terminam, ela temperará seu entusiasmo. Pois a França prefigura o destino dos demais países. Ela chegou mais rapidamente ao fim porque se desgastou muito, e há mais tempo. Quando os alemães entraram em Paris, previam – pois conhecem a história – o desenlace e liam seu futuro na resignação e no cansaço da cidade.

Os povos começam em epopeias e terminam em elegias.

A Alemanha, a Inglaterra e a Rússia são os países das desigualdades geniais. Sua falta de forma interior determina sua evolução entre cumes e abismos, entre excesso e serenidade. Apenas a França se desenvolveu *de maneira regular*, do nascimento à morte. É o país mais bem-sucedido, que deu tudo que pôde dar, que jamais perdeu o bonde, que teve uma Idade Média, um Renascimento, uma Revolução e um Império. E uma decadência. É o país que cumpriu o seu dever. É o país da realização plena.

Os eslavos e os germânicos aceitam a fatalidade: seu destino não conheceu um curso normal, ao passo que foi dado à França ter um destino *comedido*. Ela se desenvolveu como ordem *paralela* à natureza. O *homem* controlou, continuamente, seu conteúdo histórico. O próprio francês se define como ser humano, e não como indivíduo. Um país de *seres humanos*, não de indivíduos.

* * *

Nos períodos em que uma nação está num *ponto culminante*, surgem, automaticamente, homens que não param de *propor* diretivas, esperanças, reformas. Sua insistência e a paixão com a qual são seguidos pela multidão atestam a força vital dessa nação.

A necessidade de renegação, pela verdade e pelo erro, é própria aos períodos florescentes. Um desmiolado como Rousseau representa um ápice de efervescência. Quem ainda se preocupa com suas opiniões? Porém o tumulto dessas opiniões ainda nos interessa por causa de seu eco e significado. Uma aparição desse porte seria, hoje, inconcebível. O povo não espera nada. Então, quem lhe proporia algo, e o quê? Os povos só vivem, realmente, na medida em que estão empanturrados de ideais, na medida em que não conseguem mais respirar sob tantas crenças. A decadência é a vacância dos ideais, o momento em que, por sua vez, se instala o desgosto com tudo; é uma *intolerância quanto ao futuro* – e, como tal, um sentimento deficitário do tempo, com sua inevitável consequência: a falta de profetas e, implicitamente, a falta de heróis.

A vitalidade de um povo se manifesta coadunada com aqueles que podem morrer por valores que ultrapassam a esfera restrita dos interesses individuais. O herói morre *de bom grado*. Mas esse consentimento final só é possível porque ele é guiado inconscientemente pela força de vida de seu povo. Este último sacrifica seus membros por excesso de força. Um povo morre por *excesso de vida* por intermédio de seus heróis. Quando para de produzir heróis – e quando eles já não são adequados ao tipo de humanidade que representam –, sua falta sela, irremediavelmente, seu futuro com um estigma negativo. Nos antípodas do heroísmo encontra-se o amor pela vida como tal. Eis por que as decadências não têm fôlego épico. Na época greco-romana, o epicurismo ou o estoicismo anunciaram a ruína definitiva do mundo homérico, que vivera na *poesia do fato*, enquanto o fim da civilização antiga se comprazia na prosa da inteligência. O desenlace francês é justamente isto: uma prosa da inteligência. As nações percorrem seus caminhos entre erros sublimes e terminam em verdades áridas.

Os heróis homéricos viviam e morriam; os esnobes do Ocidente discutiam sobre prazer e dor.

De franceses das Cruzadas, eles se tornaram os franceses da culinária e dos bistrôs: o *bien-être*,[15] o tédio.

É natural que um povo que definha não queira morrer. A velhice histórica, como a velhice individual, é um culto da vida, por falta de vida. É o murchamento caricatural do futuro...

A busca insistente da felicidade, o gosto pela ostentação do paraíso, a vontade de sufocar o cerne amargo do tempo, do coração, são provas de uma profunda fadiga. No desejo de esgotar-se no imediato, há a renúncia ao infinito. Nada é mais incômodo do que ver uma nação que abusou – merecidamente – do atributo «*grand*» – *grande*

15 Em francês na edição original romena, «bem-estar».

nation, grande armée, la grandeur de la France –[16] degradar-se na tropa humana suspirando depois da felicidade. Ela era, realmente, *grande* quando não buscava sê-lo. Nenhuma guerra, nenhuma revolução e nenhum ato de exceção jamais se realizaram sem a paixão aventureira pelas flagelações da adversidade e sem essa influência da sorte ou do azar coroando os atos de glória. «*Le Français moyen*», «*le petit-bourgeois*»:[17] tipos vergonhosos e banais, que floresceram sobre as ruínas dos feitos do passado. Que ironia da vida: o sacrifício dos heróis é seguido pelos deleites desbotados do medíocre, como se os ideais não brotassem da glória do sangue, a não ser para serem pisoteados pelas dúvidas.

* * *

Um povo pode ser considerado *acometido* quando os problemas penetram em seus instintos, as dúvidas, em seus sentidos, as incertezas, em seus reflexos. Seu corpo acusa as intervenções do espírito. A decadência biológica é um excedente de racionalidade nos automatismos. As funções não respondem a tempo e já não cumprem diretamente o seu papel. A vida só é *plena* na inconsciência. Uma cultura idosa corrói

16 Em francês na edição original romena, «grande nação, grande exército, a grandeza da França».

17 Em francês na edição original romena, «o francês médio», «o pequeno-burguês».

suas bases, depaupera suas reações espontâneas e corrompe seu sangue, apaziguando-o, cultivando-o.

Como as invasões dos bárbaros no amanhecer da civilização, o desaparecimento do irracional no sangue é o perigo das civilizações no momento de sua maturidade. Uma gota de *consciência* em sua circulação – e a paisagem do mundo muda.

Os ideais se esfacelam, e com eles o símbolo da vida que os comportou. Uma cultura morre em todos os níveis e, o que é pior, até em suas veias. O refinamento ataca a sua substância.

O que é a Decadência, o que é a França? O sangue *racional*. Ele a coloca numa situação de contraste com relação aos «primitivos», que não devem apenas ser considerados nas artes, mas em todos os planos do espírito. A França é o que há de menos primitivo, ou seja, de viçoso, direto, absoluto. O estágio original de uma civilização é caracterizado pela relação ingênua com os objetos e os valores. Tudo o que entra no campo da percepção ou do raciocínio conserva a marca do incondicional, como um arrepio virginal do espírito aberto ao mundo. Um «primitivo» cria sem o saber, sem obsessão técnica ou reflexão estética, a partir do instinto que o coloca no interior da vida das coisas. Ele é o homem que vive no êxtase do objeto. Eis por que sua visão é tão pouco problemática e tão pouco contaminada pelas dúvidas e pela consciência.

No estágio crepuscular de uma civilização, a dúvida substitui o êxtase, e os reflexos não mais servem de resposta imediata à presença dos objetos. Nós nos encontramos nos antípodas das épocas primitivas. O artista torna-se sábio da percepção – *por desgosto do olhar* – e o homem, uma criatura paralela a si mesma. Antigamente, ele respirava mitos ou Deus; agora, *considerações* feitas sobre eles.

A contaminação do instinto é uma vitória catastrófica do espírito, e a cultura, em sua totalidade, não faz mais que questionar a biologia. Elas aumentam proporcionalmente ao refinamento espiritual. A história das civilizações coincide com as crises biológicas, que honram a «vida», diminuindo-a.

Os franceses se desgastaram por excesso de *ser*. Eles já não gostam de si mesmos porque sentem, extremamente, que foram. O patriotismo emana do excedente vital dos reflexos; o amor pelo país é o que há de menos espiritual, é a expressão sentimental de uma solidariedade animal. Nada fere mais a inteligência do que o patriotismo. O espírito, ao refinar-se, asfixia os ancestrais no sangue e apaga da lembrança o chamado do pedaço de chão batizado, por ilusão fanática, de pátria.

De que forma a razão, voltada para sua vocação essencial – o universal e o vazio –, ainda poderia levar o indivíduo desgostoso de ser cidadão em direção ao emburrecimento do palavrório da Cidade? A perda de seus instintos selou, para a França, um grandioso desastre inscrito no destino do espírito.

Se, no anoitecer da civilização greco-romana, o estoicismo disseminou a ideia de «cidadão do mundo», porque nenhum ideal «local» contentava o indivíduo saturado de uma geografia imediata e sentimental, também nossa época – aberta, devido à decadência da mais bem-sucedida das culturas – aspirará à Cidade universal, na qual o homem, desprovido de um conteúdo direto, buscará um conteúdo longínquo, conteúdo de todos os homens, inalcançável e vasto.

Quando os laços que uniam os congêneres são desfeitos na burrice refestelada de sua comunidade, eles estendem suas antenas uns para os outros, como as saudades se estendem para os vazios. O homem moderno só encontra no Império um abrigo que corresponda à sua necessidade de espaço. É como o chamado de uma solidariedade exterior, cuja extensão o oprimiria e libertaria a um só tempo. De que maneira uma pátria poderia nutri-lo? Quando ele carrega tantas dúvidas, qualquer canto do mundo torna-se um porto seguro. A consciência, liberada dos apelos obscuros do sangue, escapa ao sepultamento nos suspiros originais, na tradição das manias ancestrais. Percorrendo algumas civilizações, mental ou sensorialmente, transforma-se o universo em berços intercambiáveis, escamoteiam-se as heranças maternas ou as impressões da infância sob os benefícios incertos do distanciamento. A marcha da história abafa a voz da terra. Sua progressão pulverizou os muros da Cidade, como ela esmagará os da consciência. Estar em casa em todo lugar, eis a lei que uma civilização madura demais impõe ao homem que ela transformou, da semente ao fruto podre. No fundo, o que é a civilização? Um vão guardião da luz.

* * *

O azar da França é que seu declínio se tornou evidente numa época em que todos conhecem bem a história. O século XIX nos deixou de herança uma perspectiva sobre as civilizações, seus dados e sua filosofia. Somos todos, em diferentes graus, vítimas da informação, sem sermos ingênuos o suficiente para julgar a vitalidade e os valores. O alexandrinismo, estilo de cultura construído sobre o sentido da história, nos obriga a sínteses, que exploramos com uma fantasia e uma irresponsabilidade sábias. Estetas do universo histórico, consideramos que as crenças dos outros são pretextos, e suas decadências, espetáculos. Do crepúsculo da França só se pode falar em termos estéticos; não o vivenciamos, e os franceses também não. Os desenvolvimentos históricos universais têm valor de panorama. E o que é o próprio Devir, senão uma função tragicômica de nossos encantamentos?

A França é uma oportunidade extraordinária para verificar as experiências negativas. Ela nos autoriza o dissabor e a hipocrisia, o paradoxo e a irresponsabilidade. Seu destino respalda nossos fracassos, mas podemos casar os nossos aos seus –

aliança de lassidões do gosto dos futuros estetas.

Ser alexandrino, ou seja, lírico e frio; participar de todo coração, mas com objetividade; exceder-se de *maneira espetacular*. Impossível sentir o passado e o presente.

Que inspira um país que já não vive *no possível*, além de uma ternura irônica?

A doença atual? Minhas feridas ao contato das feridas da França. Encontro fatal!

* * *

Uma decadência cujo sentido todos percebemos torna-se fecunda para nós, não para os que a vivenciam. Novamente, nós nos enriquecemos às custas da França. Somos os vampiros intelectuais de seus tormentos.

Em sua carência de mitos fincamos a base de nossas empreitadas espirituais, em seu vazio praticamos a aventura. Como suas eventuais esperanças incomodam! Um país que não serve para nada além de área de decolagem rumo às alturas e às irrealidades do espírito, um país sem nenhum ponto de apoio, mas em relação ao qual ainda podemos nos definir, como faríamos diante de um céu pálido, sabendo que ele mascara um céu azul. Pois, por mais que sejamos benevolentes, só poderemos dar-lhe por desculpa o seu passado. Quando a Europa estiver drapeada em sombras, a França continuará sendo o seu túmulo *mais vivo*.

* * *

Desapegar-se dos valores e do niilismo instintivo obriga o indivíduo ao culto da sensação. Quando não se acredita em nada, os sentidos tornam-se religião. E o estômago, finalidade. O fenômeno da decadência é inseparável da gastronomia. Um certo romano, Gavius Apicius, que percorria as costas da África em busca das mais belas lagostas e que, não conseguindo encontrá-las à altura de seu desejo, não conseguia instalar-se em lugar algum, é o símbolo das loucuras culinárias que se instauram na ausência de crenças. Desde que a França renegou sua vocação, a manducação foi elevada à categoria de ritual. É revelador o fato de que não se trata de comer, mas de meditar, especular, entreter-se durante horas com esse assunto. *A consciência* tem essa necessidade; a substituição da *cultura* pela *necessidade* – como no amor – é um sinal de fraqueza do instinto e do apego aos valores. Todos puderam ter essa experiência: quando se passa por uma crise de dúvidas, em algum momento da vida, quando tudo nos causa dissabor, o almoço se torna uma festa. Os alimentos substituem as ideias. Os franceses *sabem*, há mais de um século, que eles comem. Do último dos camponeses ao mais refinado intelectual, a *hora* da refeição é a liturgia cotidiana do vazio espiritual. A transformação de uma necessidade imediata em fenômeno de civilização é um passo perigoso e um grave sintoma. O ventre foi o túmulo do Império Romano e ele será, inevitavelmente, o da Inteligência francesa.

* * *

O alexandrinismo é o período das denegações sábias; a recusa como estilo de cultura. O homem flana com nobreza entre os ideais; o pensador faz, sutilmente, seu espírito serpentear entre as ideias. Nenhum deles elege pousada. Eles não têm pátria ou lar. Pois a decadência é a ausência de teto espiritual, a recusa, por parte do espírito, de um lar. Onde repousar o corpo e fixar a inspiração? A imaginação erudita leva a todas as direções; nenhum horizonte capta a curiosidade por novidades... envelhecidas. É uma aventura sem esperança, uma decepção saudosa.

Há países que são fecundos e vastos apenas na decadência. É o caso da Roma Antiga, limitada demais em sua aurora, conquistadora em seu crepúsculo. A invasão das religiões orientais, a multidão de novos ídolos acavalando-se sobre as superstições autóctonas, e o ceticismo e a imoralidade maculados dos costumes provincianos transformaram sua decadência em realização plena.

Não há como medir o fim da França. É natural demais, evidente demais e descomplicado demais; é a conclusão lógica de seu devir; tão lógica que ela não *espanta*. O extraordinário não é uma categoria francesa. Uma agonia desprovida de grandiosidade. Como se fosse o fim do vazio...

A França não está ao abrigo de Nada; está desprotegida ante o futuro. Tudo o que não é amargura, nela, é signo de vulgaridade.

A licenciosidade perdeu seu ritmo espontâneo e generoso; é alegria sem conteúdo, desconcerto diante das preocupações e responsabilidades. O vazio da França – confessado na busca da distração a qualquer preço – adquire, aos olhos do espectador, um aspecto bem triste. A necessidade de rir – o terror diante das sobrancelhas franzidas – assume um aspecto grosseiro de nação desprestigiada e decaída. Em séculos passados, ela se comprazia em não levar a vida a sério, por excesso de gravidade; hoje está assolada pelo vazio, atormentada por corações ocos. O conteúdo sentimental da tristeza inspira-lhe medo: seu riso é azedo, espasmo de sangue acre. Seu declínio, evidente há quase um século, não levantou em nenhum de seus filhos nenhum protesto desesperado. Como se todos aguardassem, tão somente, serem esquecidos, insensivelmente e na opulência... O desagrado diante do sensacional, num povo que foi, durante séculos, o *sangue* de um continente e a glória do universo, confina-o irremediavelmente a um futuro anonimato.

* * *

Se os franceses não estivessem desgostosos consigo mesmos, mereceriam esse desprezo. É a primeira vez em sua história que eles conhecem esse sentimento. Mas ele não possui nem a potência desejada nem o arrepio que atormenta. Já nós, acorrentados a nossos destinos aproximativos, vivenciamos esse sentimento desde nossa primeira reflexão, nascemos com ele e o desenvolvemos ao crescermos, sujeitos a experiências e perdas – como pobres judeus poupados pelas tentações messiânicas. Todos os países fracassados participam do equívoco do destino judaico: eles são corroídos pela obsessão com o malogro implacável. Como se tivéssemos nascido em nosso *elemento*, a «pátria» é símbolo de intermináveis dúvidas, ponto de interrogação que não encontra resposta – nem ética, nem sentimental, nem mesmo geográfica.

A França esteve *aqui*; ela encontrou seu lugar no mundo, em todos os níveis. Só perdeu o futuro. Como ela poderia se furtar à velhice? Seus vetustos prestígios a elevariam à nobreza da contestação? O Século das Luzes teria lhe deixado reservas de inteligência suficientes para cultivar soberbas negações? Um declínio que não se compreende perde a poesia em meio ao ridículo.

Projetos e esperanças, na hora do embalsamento, chegariam às raias da vulgaridade e lançariam uma sombra triste sobre a glória passada. As civilizações maduras que não entenderam a glória da extinção suscitam a pena das nações inferiores. Às marges do Sena, eu sonho com uma grandiosidade crepuscular que imporia suas ausências a um continente incerto. A França saberá estar *presente*... pelo que ela não é mais?

* * *

Meu destino é envolver-me nas cinzas das civilizações. Como mostrar minha força, a não ser *resistindo* em meio à sua podridão? A relação entre barbárie e neurastenia equilibra essa fórmula. Esteta do crepúsculo das culturas, lanço um olhar de tempestade e sonhos sobre as águas mortas do espírito...

Nas ondulações tão calmas do Sena, vejo refletir-se meu futuro morto, como o de minha Cidade, e abandono ao rio indiferente minha fadiga tremulante.

Vindo de confins primitivos, do submundo da Valáquia, com o pessimismo da juventude, chegar numa civilização madura demais – que fonte de arrepios diante de tamanho contraste! Sem nenhum passado, num passado imenso; com o terror originário, no esgotamento final; com o tumulto e uma vaga saudade, num país decepcionado com a alma. Do curral ao salão, do pastor de ovelhas[18] a Alcebíades! Que imenso salto

---

18 Cioran nessa passagem se refere a uma personagem popular dos cantos folclorísticos romenos. Trata-se de um pastor de ovelhas que, tendo sido avisado por uma de suas ovelhas que um de seus colegas desejava matá-lo, ao invés de tentar fugir ao destino de morte aceita-o. O seu aceitar a morte passa pela transfiguração lírica da morte, que assim se torna a sua esposa em um quadro de união universal com o cosmo. Essa ideia é central em *O espaço miorítico* (1936), de Lucian Blaga, onde encarna a alma do povo

sobre a história, e que orgulho perigoso. Os seus ancestrais se arrastavam em meio ao sofrimento, mas eis que, para você, o desprezo parece ser uma ação e, que ironia, sem o perfume de uma tristeza abstrata, um empreendimento vulgar.

Só conseguir viver no país em que qualquer um está acometido de inteligência! Um universo composto de ágoras e salões, uma encruzilhada entre Hélade e Paris, ei-lo, o espaço absoluto do exercício do espírito.

O futuro humano se estende entre dois polos: o pastoralismo e o paradoxo. A cultura é um somatório de inutilidades: o culto da nuance, a delicada cumplicidade com o erro, o jogo sutil e fatal com a abstração, o tédio, o enleio da dissolução. O resto é agricultura.

***

As decadências são: tranquilas, galopantes ou verticais.

A decadência francesa parece situar-se no meio. Três maneiras de soçobrar, que se diferenciam pelo ritmo. O afogamento de uma civilização... Revela a vida,

---

romeno. No mesmo ano, Cioran, em relação à tese de Blaga, assumirá polemicamente uma posição contrária, afirmando que esse elemento popular que encarnaria a alma profunda dos romenos seria uma maldição poética e nacional, sobretudo a causa da passividade do pastor que se entrega à morte. [N. E.]

combinação entre impudica fatalidade e impiedoso rigor. No fundo, o que é uma civilização? A sistematização do absurdo da vida, uma ordem provisória do incompreensível. Assim que seus valores se esgotam e não conduzem mais o indivíduo à fé e à ação, a vida desvela a sua falta de sentido.

Aquele que vive à margem de todas as formas de cultura, que não é vítima de nenhuma cultura, condena-se a si mesmo, pois ele percebe, em sua transparência, o nada da natureza.

A sucessão das civilizações é a série de resistências que o homem opôs ao horror da pura existência.

* * *

Um povo possui *vitalidade* enquanto acumula forças perigosas para ele e para os demais. Mas, quando o desequilíbrio e a revolta começam a se neutralizar, quando cada instante do presente deixa de fornecer a oportunidade de uma crise fecunda, de um futuro, sua tensão não mais ultrapassa o limiar do tempo. Ele se torna dependente do tempo. E os acontecimentos o assolam. O fenômeno da decadência revela o declínio rumo à dependência com relação ao tempo. Nenhum poder subterrâneo surge para impor uma nova configuração à história. O devir significa, então, inércia de dissolução, impossibilidade de *surpresa*.

O país que já não é um perigo para si mesmo – no qual ninguém mais se *espanta* –

sonha sua permanência nos símbolos negativos da duração: o berço e o caixão.

O tempo, então, revira-se, em vão, em torno de seu despedaçamento... E não pode auferir daí o futuro. No mundo, tudo murcha: desejos, pensamentos, céus e civilizações. Apenas uma coisa permanece em flor: o absurdo, o atemporal absurdo.

Do ponto de vista da vitalidade, estar *adiantado* é prejudicial, pois, dando-se um passo – ou mesmo vários – para além das evidências da vida, o país se livra do fardo fecundo dos valores.

Um país avançado não sucumbe a nenhuma cumplicidade com nenhum ideal. Ele reúne, em si, tudo o que poderia constituir uma negação do gótico, ou seja, do ímpeto, da transcendência, da altura. Sua energia não tende à verticalidade, ela pende. A França é a Notre-Dame refletida no Sena – uma catedral que recusa o céu.

Um indivíduo, uma civilização avançam *externamente à* vida. Todo progresso implica seu equivalente de ruína. No plano histórico, a progressão absoluta equivale a um fim de missão; para o indivíduo, à impossibilidade de viver.

Que aprender com as civilizações que fermentaram demais, a não ser a morrer? A França me ofereceria a lição de uma honrosa agonia?

Um país inteiro que não crê mais em nada, que espetáculo exaltante e degradante! Ouvi-los dizer, do mais ínfimo ao mais lúcido dos cidadãos, com o distanciamento da evidência: «*La France n'existe plus*», «*Nous sommes finis*», «*Nous n'avons plus d'avenir*», «*Nous sommes un pays en décadence*»,[19] que lição revigorante, quando já não se é amante de engodos! Muitas vezes chafurdei com volúpia na essência do amargor da França, deleitei-me com sua falta de esperança, deixei que meus arrepios de escárnio se estendessem às ondulações de suas colinas. Se ela foi, ao longo dos séculos, o coração espiritual da Europa, a aceitação natural de seu deslocamento à periferia agora embeleza-se com uma vaga sedução negativa. Para quem busca declives, ela é o espaço do consolo, a fonte turva em que a febre inextinguível sacia sua sede. Com que impaciência esperei por esse desenlace, tão fecundo para a inspiração melancólica! O alexandrinismo é a dissolução erudita como sistema, a respiração teórica ao crepúsculo, um gemido dos conceitos – e o momento único em que a alma pode entregar suas sombras ao desenrolar objetivo da cultura.

Se, porém, o colapso da França não é retumbante, isso se deve aos seus antecedentes e à natureza de sua história.

Ela jamais gostou do ritmo violento ou do excesso inumano; ela não conhece o

19 Em francês na edição original romena, «A França não existe mais!», «Estamos acabados», «Não temos mais futuro», «Somos um país em decadência».

equivalente do teatro elisabetano ou do romantismo alemão. Desconhecedora dos símbolos poderosos da desesperança e dos dons impetuosos da exclamação – onde encontrar Santa Teresa entre essas mulheres de sorriso inteligente? –, ela perfaz sua queda segundo o ritmo próprio da sua evolução. Ela não consumiu sua vitalidade em sobressaltos exasperados, e nem sua velhice pode levar a ásperas tensões. A doçura de Montaigne na véspera de seu crepúsculo foi a mesma que velou seus primórdios. A França se prepara para um fim decente. Há momentos em que a esperança corresponde a uma falta de nobreza, e a busca da felicidade, a um inconveniente.

A França é, naturalmente, um organismo. Mas, em seu desenvolvimento, ela atingiu um grau tão elevado de perfeição que encontra mais facilmente os seus símbolos em figuras geométricas do que nos acidentes do futuro biológico. Seus valores ligam-se segundo o modelo dos esquemas e a pureza das abstrações. Cabe a pergunta: como aquilo que comunga com as aparências da estabilidade consegue *perecer*? E como as formas destinadas a permanecer inalteradas, por sua suavidade arredondada e vazia, podem se desgastar?

A decadência da França não se pareceria com a decomposição de uma geometria? Seria o caso se fosse um mal *formal*. Entretanto, trata-se de um mal da alma, cuja ruína repercute no mundo dos valores, das formas, da cultura propriamente dita. Como sistema de civilização, *em si*, a França poderia se perpetuar indefinidamente; mas aqueles que sustentam esse sistema, que o produziram, não o toleram mais, não o produzem mais. Os valores de um país podem durar, mas a alma – sua raiz – já não dura. O homem, de fato, pereceu. E, à medida que ele apodrece, suas criações entram para a história do espírito, que não passa de uma forma lisonjeira de arqueologia, verdadeira finalidade dos esforços humanos.

Ignorando as rupturas e as pausas – ao contrário da Espanha depois da ruína do império, ou da Alemanha depois dos tratados de Vestfália –, a história política da França desenvolveu-se de acordo com as leis do crescimento normal. Seu futuro é natural. Foi por isso que ela não produziu uma *teoria* do futuro e que o mundo a considerou *estática*. O dinamismo – mantido por um culto abstrato – supõe rupturas e irrealizações íntimas, incapacidade de evoluir normalmente. Os países sem realizações naturais são os que precisam da ostentação teórica do futuro. O irracionalismo alemão ou o pensamento apocalíptico russo – religioso ou niilista, pouco importa – nasceram da sede de realização de dois grandes povos aos quais a história não sorriu – eles dispunham de um excedente de vitalidade que só podia se expressar por meio de realizações e de valores objetivos. Eles possuíam um excesso de vida, que não combinava com sua realidade política menor; enterrados sob virtualidades, das quais, aliás, brota o dinamismo, enquanto a França, durante todo o tempo de sua supremacia, era uma atualidade. Vista de fora, sua evolução conhece um mínimo de desacordos, ausências e pausas. De que, então, lhe teria servido uma teoria do futuro? Ela sabe que ela é. Um país certo de seu *futuro*, senhor de *seu* tempo, não precisa de dinamismo; ele o *vive* – a menos que ele o insufle em sua decadência, pela recusa do ridículo, que macularia sua notória lucidez...

* * *

A França ainda pode fazer uma revolução. Mas sem grandiosidade, sem originalidade e sem eco: tomando de empréstimo mitos de outrem – a exemplo dos comunistas franceses, únicos a terem *fibra* revolucionária –, costurando retalhos de discursos, recorrendo a velhas frases, remendos de anarquia e de desesperos da pequena burguesia que perdeu a cabeça. Será preciso, antes que ela tenha esgotado totalmente suas possibilidades de renegação social, que o joio – *la polulace* –[20] triunfe, que ele faça sua aparição. A vida não existe mais, a não ser na *banlieue.*[21] Agora, uma França proletária é a única possível. Só que a classe operária não tem nem recursos, nem heroísmo,

---

20 Em francês na edição original romena, «populacho».

21 Em francês na edição original romena, «periferia».

nem ímpetos de reviravoltas. A carreira revolucionária da França está virtualmente terminada. Ela só consegue lutar pelo seu estômago. O heroísmo, que supõe uma estranha mistura de sangue e inutilidade, já não é o seu oxigênio. Jamais um povo com os instintos adormecidos propôs à humanidade qualquer ideal, nem sequer arremedos de fé. Uma inteligência desperta, mas desprovida do suporte da vitalidade, torna-se o instrumento artificial dos pequenos fatos cotidianos, da queda numa mediocridade sem remédio.

Uma nação só atinge a grandiosidade ao olhar para além das fronteiras, odiando seus vizinhos e desejando subjugá-los. Ser uma grande potência significa não admitir valores paralelos, não tolerar *vida* ao seu lado, impor-se, como sentido imperativo e intolerante. As grandes potências sofrem da doença das separações, anseiam por espaço com *virilidade*. Os cidadãos desprezam o conforto menor do lar; os camponeses veem além do horizonte do arado. Energias pródigas, forças ávidas por glória surgiam, antigamente, nos vilarejos franceses.

... Hoje, o arado é tedioso, os lares estão entorpecidos, o trabalho perdeu o encanto. Esse mesmo tipo de cansaço deve ter dominado os legionários romanos quando a monumental fúria das expedições foi apaziguada. A agricultura não pode substituir a glória. Quando um povo se fartou de glória, quando ela termina, nada a substitui. É o caso da França, cujo único conteúdo é sua antiga glória, que não conforta mais ninguém. Na decadência, um povo se separa de si mesmo. A criação se limita, então, a urdir sua ausência com um esforço vago, a manter a própria esterilidade, assim como o fracasso do indivíduo se limita a cobrir com um verniz de inteligência a podridão de sua medula espiritual. A alma, que estabelecia objetivos gerais num *allegro* exuberante, termina num andante macambúzio, ritmo predestinado de todas as formas de adormecimento, histórico ou individual.

* * *

O alexandrinismo pode ser considerado uma forma de cultura *bem-sucedida* quando ele representa a plenitude do *decrescimento*. Há desagregações fecundas e desagregações estéreis. Uma grande civilização que se provincializa diminui seu volume espiritual; mas, quando estende os elementos de sua dissolução, quando universaliza o seu fracasso, o crepúsculo conserva os símbolos do espírito e salva sua aparência de nobreza. Um certo patetismo da velhice *convém* a uma cultura em declínio; ela pode inclusive fazer, da qualidade particular de seus declives, *uma grande época*. Assim, o indivíduo que a integra pode sentir orgulho do presente e tem direito de desprezar o passado e o futuro. Ele nem tem alternativa. Ao se calar quanto às antigas glórias e ao olhar, *do alto*, o possível, ele se deita no berço estético do refinamento, para de temer o tempo. Porém quem não carrega um Alcebíades no sangue não tem lugar em épocas maduras demais. Jovem, ele é desastrado; velho, agonizante. Incapaz de respeitar as regras do jogo – ora, o espírito é jogo –, ele se vê despossuído de suas capacidades.

Tomar *consciência* do momento histórico da decadência não é coisa árdua; mas é extremamente difícil compreender suas *consequências*, aceitar a verdade que nos é imposta pela evidência. Poucas pessoas se dão conta *lucidamente* do estilo complexo da decadência, poucos têm consciência do fenômeno que a força do devir os obriga a viver.

Uma época alexandrina é uma época de síntese. Nela se entrecruzam todas as formas de cultura, pois falta-lhe originalidade produtiva, e já não lhe resta um destino que resuma os balanços e as contabilidades espirituais. *Soçobrar* com todo esse material, que destino invejável! Mas quantos estão em condição de saborear esse derramamento do decrescimento? Para vivermos vibrando no vazio transbordante do entardecer espiritual, é necessário não somente educarmos nosso sentido histórico, como também nos distanciarmos do mundo, cultivarmos certa sensibilidade neroniana *sem loucura*, um pendor pelos grandes espetáculos, pelas emoções raras e perigosas, pelas inspirações audazes. Que pode pretender quem não gosta da atração dúbia das encruzilhadas, nesses tempos em que estalam as articulações de uma civilização e fermentam novas formas, noutros confins – o caos?

* * *

País do meado, entre o Norte e o Sul, a França é um Mediterrâneo um tanto brumoso. Nesse confim em que nasceram as catedrais e Pascal, o azul é escuro, e, embora prime pela clareza, a França permanece eivada de laivos de obscuridade. A França, em sua totalidade, é mais profunda do que parece. Dentre todos os grandes países, nenhum dá mais impressão – à primeira vista – de superficialidade. Isso porque ela cultivou as aparências. Mas ela as cultivou profundamente; ela as preservou e jardinou. Ela não tem a consciência dos mundos subterrâneos e não é perseguida pelas essências; é o país do *fenômeno em si*. Uma paisagem de Monet – que esgota a poesia do visível – a satisfaz. O impressionismo é o acontecimento mais natural da arte francesa e, de certa maneira, a conclusão do gênio francês. Se as aparências forem o mais importante, a França *tem razão*. Não se pode dizer quase mais nada sobre elas. Ela compreendeu até as aparências do negrume. O infundado provável da metafísica poderia salvá-la por toda a eternidade. Uma cultura de mistérios fugidios, mas sem mistério. E sem gênio selvagem.

Essa é uma das carências constitutivas e a explicação da calma visível de sua decadência. A borrasca dos sentidos – que os ingleses sentem mas dissimulam, para, de vez em quando, darem livre curso ao seu desregramento –, eis o que falta à França.

Como ela figura pálida ao lado da Inglaterra! Nenhum equivalente – nem sequer um menor – de Shakespeare.

Mesmo que, devido à sua evolução, uma civilização carregue o germe da morte e se dirija para o seu fim, um tumulto interior sugere um tremular de vida por sobre a inevitável decomposição. Porém a França – sob todos os aspectos de seu espírito – esforçou-se por sufocar o fervilhar primário e enfurecido do homem. O esforço de estilização matou o gênio selvagem e a originalidade passional que caem tão bem aos poetas ingleses e de origem anglo-saxã. Nela não há nada do sonho infinito das grandes cilivizações, nem do medo dos limites da imanência, que fundamentam o apelo da inspiração sem entraves. Uma nação apoética. Não é significativo que Baudelaire e Mallarmé – o primeiro, grande poeta, o segundo, grande artista – se tenham nutrido da substância poética da Inglaterra, que eles sejam *anglicistas* na intimidade do coração, e não só por formação intelectual? A França não tem abertura suficiente para o caos, para o drama da imperfeição e para as gestações cósmicas. A cultura acósmica é uma cultura sem grandes poetas. Que contrapartida ela oferece, por exemplo, ao pré-romantismo inglês?

Como ela traduziria os estados vagos – as irrealizações monumentais – numa língua literária? Como ela os traduziria, já que não os conhece? As nuances da língua alemã, para exprimir as variações da tristeza, lhe são estranhas. A plêiade de poetas do romantismo alemão primou pela gama do nebuloso, do nebuloso que *abraça* o mundo. A poesia só se exerce nas indeterminações metafísicas, no vazio que se abre entre a alma e o céu. Um Novalis é incompatível com o estilo da cultura francesa, com o estilo da perfeição fenomenal.

A França opôs a *elegância* ao infinito. Origem de todos os méritos e de todas as deficiências de seu gênio.

O espírito torna-se inquisitivo no momento em que nada lhe parece mais absurdo do que a Evidência. Mas o que é a sua elegância, senão um culto rebuscado das evidências? A densidade da obscuridade nas profundezas de uma civilização sustenta o seu dinamismo, ao passo que o somatório de luz a condena à esterilidade. É a condenação do equilíbrio imóvel, a supressão do ritmo e da dialética. O racionalismo como forma de vida é a negação da vida. Viver para sempre equivale a uma crise contínua da *ordem*. O próprio progresso – que só pode ser concebido como um tempo *pleno* – é uma ruína constante da dimensão *formal* da existência.

A França representa um tipo de cultura antidionisíaca. O êxtase e a embriaguez do espírito, a comunhão na confusão fecunda e o sorriso inquieto do espírito, que tornam o mundo místico, não combinam com o pendor para as dissociações, em que ela primaria. O culto do contorno – o *desenho*, no nível do espírito – faz dela uma cultura não genial.

Pois tudo que se mantém dentro dos limites da forma, no interior da aparência pura, permanece exterior ao gênio. Um país com lagos de pensamento, mas sem sugestão oceânica... Chega-se a acreditar que o Século das Luzes se tenha cristalizado numa perfeição impiedosa, como que num protesto contra o infinito. O sol, os mares, e os continentes dos sentidos eram vulgares demais para penetrarem nas abstrações sem horizonte dos salões. Nenhuma outra civilização passou por um crivo mais fino, jamais o olho foi mais adaptado como órgão da delimitação, e o *quadro*, como símbolo da perfeição.

Na Espanha, um Van Gogh teria sido um acontecimento natural; na França, tem algo de apocalíptico. O arrepio orgiástico não entra mais no jogo de cartas do espírito francês, que se definiu em oposição às profundezas do homem e aos oráculos da alma. Porém o excesso de decadência leva a uma sensação de esterilidade e enquistamento. Nossa necessidade de imensidão busca noutras paragens um alento de orgia: a França – com muitíssimas cúpulas e raras torres – é insuficiente para nossas buscas por altura ou por profundidade. As culturas acósmicas se enfraquecem na mediocridade das evidências.

Ao ver um povo morrer, você saberia reforçar as suas convicções debilitadas e erguer-se, com o furor de um mal interior, contra a tentação do contágio? A visão das grandes dissoluções nos envenena e nos endurece. O veneno mina nossa altiva constituição, mas a vontade de não perecer provoca a reação. Recusar a se apagar, embora se tenha se deleitado com a marcha certa rumo à extinção. Fazer seu destino na contestação do destino, guerrear contra a fatalidade, eis a conclusão vitoriosa dos espetáculos históricos. Apesar de eu compreender infinitamente melhor os romanos do final do Império, amolecidos pelo vício, pela incredulidade e pelo luxo, do que os dos áureos tempos, ácidos, sãos e confiantes em seus ídolos, conservo de alguma maneira respeito pelos altares da ilusão e pelos templos jamais abalados pela ironia. Quando Catão, o Velho, dizia que dois áugures não podiam se olhar e se encarar sem rir, acredito nele, não sem lamentar o fim das superstições vitais. Uma vez abolidos os símbolos, pela lucidez, a vida é um passeio lúgubre entre templos abandonados. Como ainda viver apenas com as ruínas dos deuses? A exortação a existir insta-me ao sonho com outros malogros; não caminhei em meio às decadências sem sentir que precisava das mentiras vislumbradas. A palpitação da seiva requer a conquista de um território vacante; ímpetos conquistadores nos agitam nos cemitérios. *O Bárbaro* despertou. É a única resposta – a da vitalidade – às dúvidas do conhecimento.

Quando o instinto tem a última palavra, o perigo de despencar pela ladeira do desaparecimento diminui. Aqueles que pertencem a uma cultura decadente já não a possuem, portanto a salvação já não é possível.

O protesto dos reflexos contra a tentação do declínio supõe um fundo secreto de saúde e força, que os reflexos crepusculares não conseguiram sufocar.

Além do mais, há no indivíduo uma avidez do ser que desarma o apelo do nada, uma apetência milagrosa pela existência que esmaga a cumplicidade diletante sob a nobreza dúbia dos crepúsculos. Mesmo que o desmembramento de uma civilização lhe provoque algum prazer, enquanto as suas articulações resistirem você permanecerá sendo um esteta com recursos primários, nem maduro o bastante – a não ser em pensamento – para morrer, nem suficientemente apodrecido para naufragar, apenas orgulhoso o bastante para não se deixar sujar por engodos exaltantes. Enquanto você não tiver deposto as armas, enquanto uma vasta visão não lhe tiver corroído a medula, você disporá da força necessária para enfrentar qualquer espetáculo. Uma espécie de fúria moribunda jaz nos estetas da decadência. Mas eles preferem a visão da morte à morte. A questão é: até onde eles serão arrastados para o jogo fatal, até quando poderão resistir à sua atração mórbida?

* * *

Toda uma civilização colocada *fora do possível*. Esse é o sentido de uma dupla obsessão: individual e histórica. Um mesmo esgotamento nos batimentos do coração e no universo de valores. A alma não garante mais o ritmo dos batimentos e não mais preenche os valores com conteúdo. Um país sem alma cessa de ser um perigo para seus vizinhos.

O mundo eslavo se ergue, ameaçador para a Europa devido ao seu excesso de alma. A Rússia possui alma demais; a França, de menos. Países que formam o mais significativo dos contrastes: eles se reivindicam mutuamente, como o dia e a noite. Os romances de Dostoiévski nos revelam a desolação *profética* do coração humano; suas personagens são *heróis*. *As flores do mal* – desolação privada de futuro; o indivíduo sofre sem poder agir numa direção temporal. A miséria psicológica do eslavo é fértil, aberta às oportunidades; os indivíduos possuem um destino – que têm, sobretudo, quando se decompõem; e eles se decompõem devido a um excesso de vida. O final dostoievskiano é arauto de mundos por vir; o final baudelairiano é o fim de uma cultura, o vazio da alma e dos valores. A França não tem mais a energia que constitui a existência dos heróis. Os russos podem ser negativistas, pois *creem* nas negações, elas não são, para eles, meros espetáculos. É a intensidade, e não a orientação, que decide a qualidade das convicções. Estas criam uma persistência no espírito, até mesmo quando o combatem. Uma convicção é sempre um perigo, por ser prova de vida, enquanto a dúvida da inteligência só afeta outras inteligências.

O máximo que um francês ainda poderia realizar seria uma existência pascaliana sem grandes preocupações. Sua única forma de futuro é um Pascal vazio – enquanto os russos, na outra extremidade geográfica e espiritual, têm atrás de si a tradição interior das seitas, das capacidades absolutas de erro e de comprometimento. Eles *transbordam* de universo. Falta-lhes apenas *a forma* para se realizarem na ordem objetiva da cultura. Aos franceses resta, somente, a forma. Os alemães estão localizados nalgum ponto intermediário, entre um mundo enfraquecido e outro *que se está fundindo*;[22] eles *ainda* têm uma alma, mas podem, teoricamente, olhar sem desdém o nível do devir francês, pois estão suficientemente longe de seus primórdios para ignorarem, sem risco, as questões perigosas que sua história lhes propõe. Insuficientemente maduros do ponto de vista da cultura, os russos têm o direito de olhar a França *de cima*. Não têm os mesmos problemas, pois respiram o alento do possível.

* * *

O risco com o qual pode se confrontar o indivíduo que flutua acima das culturas é o do *falso eu*, a perda da medida e do gosto, a

---

22 As palavras em itálico traduzem um único vocábulo que Alain Paruit, o curador da edição francesa, não consegue ler. A tradução que propomos em itálico reproduz a lição (*îngemănândă*) dada por Constantin Zaharia em sua edição romena do texto; ver nota 68 da tradução italiana feita por Giovanni Rotiroti (Roma: Voland, 2014). [N. E.]

passagem a dimensões falaciosas, de tanto lidar com valores tão diversos. As limitações da França são um antídoto contra o falso eu, uma barragem de classicismo erigida contra as tendências à disponibilidade e ao nebuloso. Pois ela conserva uma hereditariedade clássica até no seu anticlassicismo. Até nas suas confusões, que têm algo de raciniano. O verso de Valéry, carregado de sentidos obscuros, provém formalmente do autor de *Fedra*; o ininteligível respeita as aparências da clareza, e as profundezas sorriem com *estilo*. Existiria uma mística menos orgíaca e com êxtases mais bem definidos do que a dos franceses? E tantos santos clássicos, com tantos Franciscos de Sales, e tantos elãs sábios!

Aquele que deseja abraçar tudo falsifica o mundo, mas, em primeiro lugar, a si mesmo. E não se entende mais. A França, porém, é uma escola do abraçar limitado, uma lição contra o eu ilimitado. Quem não teve essa experiência corre o risco de envelhecer na condição de aprendiz das virtualidades. Uma alma vasta contida nas formas francesas, que tipo fecundo de humanidade!

Que ao menos isso se aprenda nas encruzilhadas históricas: ajustar nossos defeitos a escalas válidas, aproveitar a ruína dos outros e endurecer a matéria viscosa de nosso espírito, evitar a ladeira das elegias. Já não é possível extrair da França nenhum conteúdo; mas ela constitui um universo de modelos dos quais a alma se apropria, a fim de não perder a compostura e a segurança. A falta de vida de um país vai nos proteger contra os perigos da vida. No turbilhão dos elãs puros, a salvação – no plano da cultura – só surge da expressão. O futuro criará uma cultura de *orgias formais*? A Europa encontrará uma fórmula para conciliar o desregramento profundo do eslavo ou a depravação teórica do germânico com a caligrafia intelectual da França? Essa não dará mais *substância* ao espírito. Os eslavos e os germânicos darão vitalidade às suas formas? Pois não consigo imaginar um país mais desprovido de *medula* do que a França. Mais nenhuma santa ilusão – ora, toda ilusão é santa – permanece adormecida em seus ossos. Apenas o vazio e sua vigilância ainda reinam no espaço das crenças morredouras.

Falta, à nossa palpitação vital, um corretivo categorial. O *páthos* descontrolado, sem limitação normativa, conduz à desarticulação do espírito, a um gótico desavergonhado que, por seu ímpeto, reduz seu estilo a nada. *Uma barbárie nas categorias*, esse é o único modo de conjugar de maneira fértil a vida e a alma. Caso contrário, o irracional rebaixa a cultura ao nível dos Bálcãs, excessivamente terrestres, assim como o reino dos modelos abstratos leva à ossificação da França. O paradoxo dos tempos que estão por vir será definido pelos êxtases *marcados*[23] pelo culto à geometria, pelo abandono

23 A palavra em itálico traduz um vocábulo que Alain Paruit, o curador da edição francesa, não consegue ler. A tradução que propomos em

simultâneo à paixão e ao pensamento? Eu sonho com uma cultura de oráculos de lógica, com Pítias lúcidas... e com um homem que controle seus reflexos com um suplemento de vida, e não com austeridade.

***

Quem levou as dissoluções a cabo ainda pode se encontrar, enquanto aquele que permaneceu entre elas está perdido. Você pode viver uma decomposição, mas, se tem força, você se refaz; vibrações ocultas levam-no ao horizonte vital do futuro. Mas não vá julgar a sua coragem na partilha das podridões objetivas. Você se fartou e se saciou com as suas; o que não evitará que você conheça as demais. A terapêutica menor da moderação leva ao fracasso; a da audácia, ao colapso ou ao renascimento. Você foi um cadáver entre os cadáveres do mundo? Então merece uma primavera sob outros horizontes. Com a história é preciso lutar; com o passado, ser tão impiedoso quanto com o presente. Aquele que busca uma época por timidez ou erudição é pacífico e covarde. Considere toda a história universal como campo de desenvolvimento de sua bravura. E, se você não tiver ímpeto guerreiro, transforme-a em

---

itálico reproduz a lição (*extaze-n-tip*) dada por Constantin Zaharia em sua edição romena do texto; ver a nota 69 da tradução italiana feita por Giovanni Rotiroti (Roma: Voland, 2014).

sonho, para que o pretexto da irrealidade escuse o cochilo dos seus instintos.

* * *

O fenônemo da decadência é a conclusão final da maturação histórica. Uma civilização mais madura não representa um avanço em termos de *valores*, mas de vida. Pois não temos nenhum direito de considerar o desenlace como um apogeu. Assim como a erudição está para o rigor do espírito, ou a velhice, para o jorro da força, a decadência está para o desenvolvimento ascendente da vitalidade. A esclerose é a punição que a vida merece por seus excessos. A França está pagando pelos séculos de tumulto com a imobilidade. É uma degradação da qual ela pode se orgulhar e que ela pode estilizar pelo cinismo. A nação que mais pregou a ideia de progresso está obrigada a abrir mão dele. Não seria isso uma bela expiação e uma sanção plena de sentido? O conceito de progresso – no plano histórico, recusa da morte –, que germinou a partir do otimismo mais dinâmico e superficial, peca pela falta de base metafísica. Acreditar numa eterna e incurável progressão equivale a vendar os olhos para não ver o essencial. A deficiência metafísica do homem moderno não pode se revelar de maneira mais significativa do que nesse conceito. E, como a França o sustentou, é a primeira a sofrer as consequências. Sua decadência precipitada adquire, assim, valor de ato de justiça. A história a pune por ter querido conferir-lhe mais do que devia, e uma dignidade da qual não é capaz. As generosidades são graves faltas teóricas. Mas, sem elas, uma civilização não justifica a sua marcha sob o sol. Elas revelam o poder da ilusão – de vida – que jaz num povo. Quanto maiores elas tiverem sido, mais esmagador será o despertar. É um germe quixotesto que marca as potencialidades internas de um povo. A civilização que ele cria é o fruto desse germe. Uma vez que ela estiver esgotada, o homem se sentará à beira de seu destino, com todos os valores oriundos da seiva do engodo fecundo, e cultivará seu abatimento no arrependimento e no desencanto.

Ironicamente, a França não está sendo punida por sua crença supersticiosa no progresso, mas por todas as grandes e nobres fórmulas sob as quais dissimulou sua temporalidade. «*La civilisation française*», «*la France dans le monde*»[24] não exprimiram, sob as aparências concisas de sua grandiloquência, a ideia de que o tipo de civilização francesa é único? E a adjunção do adjetivo «nacional» a todos os valores teria outro sentido a não ser o de individualizar uma forma de cultura considerada símbolo universal?

24 Em francês na edição original romena, «A civilização francesa», «A França no mundo».

Porém, mais que tudo, «*la France éternelle*»[25] não estabeleceu, em duas palavras, o seu esforço enganoso por fugir à solução última, a do tempo? Nenhum excedente de prestígio verbal conseguiu impedir ou acobertar o desenrolar até seu final. Que nenhum francês tenha vislumbrado «*la France mortelle*»[26] é, evidentemente, um esquecimento da verdade que se deve ao medo. Porém o seu contemporâneo estrangeiro não pode se permitir esperanças falaciosas quando, para ele, o sentido do irreparável histórico é uma glória que decora, negativamente, a alma.

* * *

Um país é grande menos pelo alto grau de orgulho dos cidadãos do que pelo entusiasmo que inspira nos estrangeiros, pela febre que transforma as pessoas nascidas sob outros céus em satélites dinâmicos. Será que houve, no mundo, algum país com tantos patriotas oriundos de outros sangues e de outros costumes? Será que não fomos, todos, nas crises, nos acessos ou nas respirações duradouras, patriotas franceses; não amamos a França com mais ardor do que seus filhos; não nos alçamos ou nos humilhamos numa paixão compreensível,

25 Em francês na edição original romena, «A França eterna».

26 Em francês na edição original romena, «A França mortal».

embora inexplicável? Não fomos numerosos, vindos de outros espaços, a abraçar a França como único sonho terrestre de nosso desejo? Para nós, que chegamos de todos os tipos de países, de países azarados, o encontro de uma humanidade plenamente realizada nos seduzia, oferecendo-nos a imagem de um lar ideal. Todos nós, que perdemos dias e anos trilhando caminhos, derramamos a inocência de nossos corações numa ternura que não lamentamos, mesmo que, ao fazê-lo, tenhamos perdido a possibilidade de sermos, um dia, fecundos num solo natal distante no espaço e, ainda mais, em nossa *nostalgie*.[27] Quer tenhamos dado à França, um dia, a melhor parte de nossas convicções, quer nos tenhamos deleitado com as decepções como se fossem doutas ocupações, que outro país terá reunido homenagens e rejeições mais lisonjeiras? Nós a mimamos tanto que, doravante, nem ela nem nós encontraremos outra oportunidade para um encontro lírico.

Ajustaremos nossas contas sob outros céus, mas sem ímpeto e sem reverência. Alguma coisa da França passou para nós, *algo* que massacrou, em nós, a inocência da alma. Onde encontrar estimulantes para outras criações ingênuas? A semente da infância, que engendra o tempo, perdeu seu vigor num país desgerminado de seu futuro

27 Em francês na edição original romena, «nostalgia».

por um passado excessivamente abundante. Nossa errância rumo a algo diverso é, frequentemente, sufocada pelo confinamento no mal que acomete uma nação prestes a encerrar sua razão de ser. Carregamos sobre os ombros e em pensamento os ecos de seu fim. Eis por que nossas ideias têm algo da monotonia do pulso e das agonias certas. Qualquer que seja a direção, o relevo ou a vereda que percorramos, a França não morrerá sozinha, expiaremos juntos o gosto disparatado pela fugacidade. E, qualquer que seja a esperança que cultivemos, não há dúvida de que o fardo dessa herança nos mandará do coração do futuro para seus confins.

Cioran

1941 [a lápis]

Manuscrito pertencente ao acervo da Biblioteca Literária Jacques Doucet, Fundo Cioran.

Biblioteca Âyiné

1 Por que o liberalismo fracassou?
Patrick J. Deneen
2 Contra o ódio
Carolin Emcke
3 Reflexões sobre as causas da liberdade e da opressão social
Simone Weil
4 Onde foram parar os intelectuais?
Enzo Traverso
5 A língua de Trump
Bérengère Viennot
6 O liberalismo em retirada
Edward Luce
7 A voz da educação liberal
Michael Oakeshott
8 Pela supressão dos partidos políticos
Simone Weil
9 Direita e esquerda na literatura
Alfonso Berardinelli
10 Diagnóstico e destino
Vittorio Lingiardi
11 A piada judaica
Devorah Baum
12 A política do impossível
Stig Dagerman
13 Confissões de um herético
Roger Scruton
14 Contra Sainte-Beuve
Marcel Proust
15 Pró ou contra a bomba atômica
Elsa Morante
16 Que paraíso é esse?
Francesca Borri
17 Sobre a França
Emil Cioran

MISTO
Papel proveniente de fontes responsáveis
FSC® C092828

PRINTED WITH SOY INK®

Composto em Baskerville e Helvetica
Impresso pela gráfica Formato
Belo Horizonte, 2021